VENUS PUBLISHING CO.
金星出版
命理生活新智慧・叢書
U0084348

命理生活新智慧・叢書63

對你有影響的

法雲居士⊙著

金星出版

國家圖書館出版品預行編目資料

對你有影響的日月機巨(上)／法雲居士著，--第1版.--臺北市：金星出版：紅螞蟻總經銷，2004[民93]
冊；　公分--（命理生活新智慧叢書；63）

ISBN 957-8270-55-0（上冊：平裝）

1.命書

293.1　　93021897

對你有影響的 日月機巨《上冊》

作　　者：法雲居士
發 行 人：袁光明
社　　長：袁靜石
編　　輯：王璟琪
總 經 理：袁玉成
出版部主任：劉鴻溥
出 版 者：金星出版社
社　地址：台北市南京東路3段201號3樓
電　電話：886-2--25630620●886-2-2362-6655
FAX：886-2365-2425
址已變更
電
郵政劃撥：18912942金星出版社帳戶
總 經 銷：紅螞蟻圖書有限公司
地　　址：台北市內湖區舊宗路二段121巷28・32號4樓
電　　話：(02)27953656(代表號)
網　　址：http://www.venusco555.com
E-mail　：venus@pchome.com.tw

版　　次：2005年1月第1版
登 記 證：行政院新聞局局版北市業字第653號
法律顧問：郭啟疆律師
定　　價：350 元

行政院新聞局局版北字業字第 653 號
(本書遇有缺頁、破損倒裝請寄回更換)

投稿者請自留底稿
本社恕不退稿

ISBN：957-8270-55-0 (平裝)

（因掛號郵資漲價，凡郵購五冊以上，九折優惠。本社負擔掛號寄書郵資。單冊及二、三、四冊郵購，恕無折扣，敬請諒察！）

日月機巨

《上冊》

序

這本『日月機巨』是一套書中的第十一本書，其他還有『羊陀火鈴』、『權祿科』、『十干化忌』、『天空、地劫』、『殺破狼』上下冊、『昌曲左右』、『紫廉武』、『府相同梁』上下冊、『身宮和命主、身主』等書，也許後面還會增加書目。

在這一整套的『對你有影響的』書，得到讀者很大的迴響，有許多國外的讀者也紛紛來電訂購，可見許多讀者對於紫微命理的喜愛，與對紫微命理知識的迫切需求。有感於此，所以我正積極的建構法雲居士的網站，以及『命理學習網』的網站，希望這兩個網站很快能跟讀者見面，也希望這兩個網站能藉由現代科技的延伸，帶給讀者『即時查尋』及『即時學習算命』的功能，好幫助大家掌握自己的命運，也掌握自己的時間，規劃自己的人生，把握每一刻生命中的重要時間，同時也創造人生中最大之財富，與即早達成人生中最高之成就。

我常說：『願意學習，及喜歡學習的人，人生是美麗的，也是充滿希望的。』反過來說，那些不愛學習及不喜歡學習的人，人生也充滿晦暗和失望的。我們經常在電視、報紙媒體上看到某些人因無工作，生活過不下去，或因欠債，欠信用卡費而自殺的人。這些人當然是命中財少，不但財窮，心也窮，因此在困窘之時，就心生絕望，走上絕路。我們若要仔細來分析，也會發覺此人的學習能力差，也同樣不愛學習，就算此人能擁有稍高的學歷，但仍不算是個具有學習能力的人。

一個具有學習能力的人，同樣也會具有學習生活上的智慧的興趣，而不是書呆子，只會讀死書而已的人。世界上有三分之二強的人都曾擁有過被錢財所困的經驗，但會為錢自殺的人，還是佔極少數的。所以我們會知道，絕大多數的人都能走出困窘的局面，力爭上游，反敗為勝。而要走出困窘局面，最大及最好的方式就是能對自己的問題，去學習及試驗出能解決的方法。人生就在無數次的學習與試驗中完成了增高人生層次，與打破人生僵局的重要歷練過程。

學習命理知識，是人生的輔助工具，透過這個輔助工具，我們會對自己的人生和自我的潛能意識有深層的瞭解，因此能達到自省和自我領悟的

《上冊》

深度思考，再進一步就會啟發出修正人生目標和圓融做事技巧的方式。這樣就是真正對自己有利了。

一個喜歡學習命理知識、又願意學習命理知識的人，總能在自己的命盤中找到好命、好運的時刻，也總能在自己的命格中找到一些優點，而讓自己鼓舞奮進。因此一個喜歡又願意學習命理的人，自然在人生中有無窮的希望，與無盡的生活勇氣，這就是命中帶財了。

在此願以這兩句

『人之命運有無限可能，
人生風景是精彩可期的』。

來與讀者共勉之。

法雲居士　謹識

命理生活叢書63

日月機巨

《上冊》

上冊目錄

日月機巨

《上冊》

中、下冊目錄

日月機巨

《上冊》

日月機巨
《上冊》

第一章　『日月機巨』是生命主體與命運過程的架構

很多人都奇怪，這本書為何叫『日月機巨』呢？為何不是『機月同梁』？或是『陽梁昌祿』，來的唸的順一點！上兩者都是格局的名稱，我們現在講的是星曜，自然以星曜的屬性和位置為重點來講。『府、相、同、梁』四顆星都是南斗星，且有宇宙生、老、病、死的一個循環代表階段與功能相互有連續的影響，因此它們是一組不可劃分的星曜。而『日月機巨』這一組星曜中，太陽和太陰（月亮）都屬於中天斗星。我們可以在十二個命盤格式上都看到這四顆

星，不是在對宮相照，就是在三合或四方宮位相照守，四顆星形成一個緊密的鍊型關係，根本無法分開。倘若這些宮位中有你的命、財、官等宮出現，那就表示，你就正坐在『日月機巨』這組星曜的架構上，你的命運就會深受其影響。你人生的波動，就是在這一種『日月機巨』的波動格式之中了。

並且，也可清楚的講，當有日、月、機、巨四顆星中的任何一顆星出現在你的命、財、官等宮，或是夫、遷、福等宮時，你的心情及你的聰明，就會受『日月機巨』這四顆星的影響，情緒容易有規則性波動，有高高低低的狀況。也會聰明時，非常聰明，笨的時候，也易更笨。通常情緒不佳時特笨，情緒轉好時，又特別聰明了。另外你挑剔的事也特多，高興時，什麼都好，不挑剔，全都答應別人，喜歡讓大家高興。不高興時，情緒不佳時，特別愛挑剔，

雞蛋裡挑骨頭，是非更多。

『日月機巨』四顆星的意義，容易在外觀上顯示出來，所以太陽、太陰、天機和巨門坐命的人，容易從其人的外表長相來辨認出來。例如：**太陽坐命或雙星入命的人**，會大臉、大耳，有些人也會大嗓門。太陽居旺的人，會如太陽般有炙熱的熱情，對人大方，不拘小節。太陽居陷的人，會悶一點，像太陽被雲遮去光芒一般，但也仍會有大臉、大耳的外型。**太陰入命的人**，就像月亮一樣，初一、十五不一樣，有柔美的又起伏多變的性格，陰晴不定。其人深受日月盈虧的影響，他們大多情緒起伏，有陰柔含蓄之美，也很容易辨認。**天機入命的人**，多瘦型，居旺時，會是稍壯的體型，居陷時，矮瘦小。天機入命者多長臉，有精明古怪在臉上，自詡聰明，不太接受別人意見，又會自做聰明，而且常多是非上身。

日月機巨
《上冊》

巨門入命的人，大多有一張大嘴，好講話和吃食，更愛吹牛，是非多，他反而不怕是非，或更利用不斷製造的是非來使自己更圖利。

『府相同梁』代表內在、精神上的層面。而『日月機巨』是表達了外在外觀上的層面較多的狀況的。所以『日月機巨』這四顆星入命的人，不論有時有多細心，但他們在工作上仍是只會做一些粗略、思想性少的工作。在競爭行列中，也多半和自己同類型的人，隸屬於『機月同梁』這一派的人在競爭。若和『殺、破、狼』格局（包括殺破狼和紫廉武等命格）的人競爭，就會顯出力道薄弱了。這主要是太陽入命的人，太落落大方了，凡事不計較，馬馬虎虎，要求不精確。而太陰入命的人，重感情，注重自己情緒的渲泄，重情不重理、感情用事，不利競爭。天機入命者，三分鐘熱度，易聰明反被聰明誤，且不喜多負責任，反應特快，落跑也特快，故無法

在激烈競爭中佔到便宜。巨門入命的人，有些人只是貪些衣食享受，沒大志向，有大志向的人。又易招惹是非，而且他們是用是非又包裝是非，在競爭手段上會出神入化，但無法專精在本身實力上，因此要拼實力時，便會捉襟見肘，再瞎掰也掰不回來了。

『日月機巨』是命運過程的架構

『日月機巨』代表的是一種命運的過程。『日』，太陽，代表的是開心、運氣好、有笑臉、出大太陽的、好的命運過程，就像生命中快樂有希望的好運日子。『月』，太陰，代表的是柔美的黑夜，及私下的、暗地裡的愛情，或內在感情的浮動，也代表命運上下起伏的固定模式，是在一個月中會高高低低、有一定韻率的波動著。天機在人命運中是代表聰明，和命運上下起伏變化的狀態，有時高、有時低，聰明時，又會高，笨時，又會低。巨門代表在人的命運中運用嘴巴講講就可以得財，或在口舌是非中打轉，可以獲得衣食錢財。巨門也代表衣食慾望的享受。

並且，**太陽的形式與定義上，屬於『官星』**，代表事業的旺度，也代表人生旺運的旺度。太陰是財星，代表一月一次的財，代表薪水之財，或房租、儲蓄、利息之財。天機是變化，巨門是磨難、災禍。**所以『日月機巨』在運勢上也代表起起伏伏的公務員或薪水族的生活及命運結構。**

『日月機巨』是男人與女人的戰爭

『日』是太陽，代表男性，『月』是太陰，代表女性。本身是太陽坐命的人，就刑剋（或稱做愛管）自己身旁或家中的男性。本身是太陰坐命的人，就會刑剋自己身旁之女性或自己家中之女性親屬（愛管身邊女性）。

太陽、太陰、天機、巨門這四個命格的人，永遠在打一場男人與女人的戰爭，而且不分輸贏。太陽坐命的人，性格陽剛，有老大心態，有大男人主義或大女人主義。太陰坐命的人，性格溫和陰柔，但內心也會有大男人主義或大女人主義，其實這些都是唯我獨尊的想法。天機坐命者，要看其對宮或三合宮位中有無太陰在照守，有的人，則屬性格陰柔的人，與太陰同論。若有太陰在福德宮的人，如天機命坐丑、未宮的人，會外表性格陽剛，內心思想上陰柔，就與太陽同論了。有巨門入命的人，其夫妻宮都有一顆太陰星，表示外在陽剛，內心陰柔，喜歡談戀愛。在愛情追逐上，當然會製造更多的男人與女人的戰爭了。

『日月機巨』又是相吸引又若即若離，保持一定距離的狀況

太陽和太陰的關係，永遠是：太陰是月亮，其光芒永遠是由太陽反射而來的，沒有太陽，太陰就無光，因此日月的關係十分密切，也相互吸引。太陰坐命的女性多半能找到有太陽入命的男性做情人或配偶。太陽坐命的男女，也多半喜歡太陰坐命的異性。這是相互吸引的緣故。天機坐命的人，喜歡別人聰明、反應快，因此和巨門坐命的人最相合。而巨門坐命的人，也喜歡天機坐命者的聰明及智商高。這些人都能彼此相愛，墜入愛河，或在工作場所中相互欣賞，但彼此仍會覺得無法確切瞭解及掌握對方的內心，而且覺得對方也沒辦法真正瞭解自己，而有一定的距離感留在自己心靈深處，總還是有稍許遺憾的。

『日月機巨』仍是『機月同梁』格的人生架構

『日、月、機、巨』這四種命格，只要有天機、太陰這兩顆星出現在三合及四方宮位中，就已能確定其人是必須做公務員或薪水族的人生了。因此，『機月同梁』格的人生架構是至為確定的。

有些『日、月、機、巨』命格的人，會因為命中財多（從八字來看較準）而走向做生意的人生道路之上，或其他特別的行業。

有些時候，『日、月、機、巨』命格的人，會因為命中財少，工作起伏多端，沒有真才實學，行運又不佳，而人生不如意。有時又會有怪怪的聰明，逆向思考，在人生中做了太多大意的選擇，而沒有把握到人生高潮的起伏，而覺得鬱卒。

在每個人的命盤上，太陽若居旺，就是『日月居旺』的格局，表示你的人生會比較開朗、亮麗。人在性格上會較明朗化、爽直、快樂，喜歡表現，一生運氣也較好。也不會太計較一些旁枝末節的東西。如果在你的命盤上，**太陽是居陷的，那太陰也會是居陷的，就是『日月反背』的格局了**。這表示你的人生會比較沈悶、性格不開朗，不喜歡在人前表現，喜歡躲在人後，或做幕後工作，在人生中容易失去好機會。也易中年開始就先心灰意懶了，不想打拼了。而且在人生的競爭中常處於劣勢。在你的心情方面也常無緣無故的下沈、提不起勁來。這是每一個有『日月反背』格局的人都有的現象。自然是人生的光明面是較少的，而且在你的心靈深處，也容易有太陽永遠照不到的地方。

在命盤上，太陰居旺的人，亦要看是單星形式或雙星形式，同時要看命盤上的太陽是否也居旺，才能定是否有『日月皆旺』的格式。因為在丑宮的日月同宮，太陰居廟，但太陽居陷。

在命盤上太陰是代表『感情』與『財』的星曜。事實上『感情』和『財』也是同一回事。命中財多的人，感情也會豐富一些，敏感力強，對人情深意厚多一些。這一點尤其在太陰坐命的人身上看得見。太陰居旺坐命的人，命中財會多一些，會有固定的工作帶財來，一生富裕，有積蓄、有房地產。而且喜歡談戀愛，有強烈的第六感，用情較多，特喜以感情處理事情，重情不重理。太陰居陷坐命的人，命中財少，本身敏感力不足，對人的感情付出的也少，容易計較，或捨不得付出。其人一生會為錢辛勞，縱使有積蓄，也易破耗，留不住，縱使有房地產，也易存不住，會進進出出。在工作上也易起伏不穩定，一生多為錢財和感情不順之事煩惱，內心易晦暗不愉快。

日月居陷在命盤的人，也易在運程不佳時，做出不好的決定，如離婚、離職、遷居、改行等，會改變自己的一生。

日月會左右你的人生富貴及快樂

在命盤格式中，有『紫微在子』、『紫微在丑』、『紫微在寅』、『紫微在亥』四個命盤格式是真正『日月反背』格局的人。而『紫微在卯』命盤格式中，機陰同宮在寅，太陰居旺，太陽在子宮居陷。『紫微在辰』命盤格式中，日月同宮，太陽居陷、太陰居廟，這就不算『日月反背』格局了。

天機和月亮的關係較密切，他常在太陰的對宮、或三合或隔宮出現，因此事實上，有關於聰明和變動之事皆和月亮的盈虧、和地球上的潮汐有關。

其實假如你是天機坐命的人，你就可以實驗了。天機居旺坐命

（包括居廟和居得地之位的，如機陰、機巨坐命者），或天機居平、機梁坐命者，你們會在月圓時較聰明伶俐，凡事較靈活，也討人喜歡、人緣好，有戀愛運，及進財多。而在上弦月或下弦月時，是虧月時期，你會較稍為思想遲鈍一些，不夠機敏了，內心也常易煩悶不滿，不想動或人緣沒那麼順，戀愛運也沒那麼顯著，進財也少了。當天機居陷坐命的人，你也可以上面現象來檢視自己，因你比較會有頹廢思想及敏感力有古怪現象，故也不一定你會感覺得出上述現象出來。

巨門坐命的人，包括陽巨坐命、機巨坐命、同巨坐命的人，其夫妻宮都有一顆太陰星，故月亮的影響是在其人內心中的陰晴圓缺。月圓時，心情好，敏感力強、愛談戀愛，也知道奮發向上，進財多。月缺時（上弦或下弦月時），心情變化多，敏感力略差，戀愛心也較無力，進財少或不易。夫妻宮是相照官祿宮的，夫妻宮也代表人內心的想法、價值觀及處理事務的態度及感情模式。是故會影響工作及事業。因此巨門坐命的人，也會受月亮的影響，左右其人生。

天機是變動或聰明。天機居旺時，會愈變愈好，變則佳。其人也會特別聰明，做事機巧，反應靈敏，讓人激賞。而天機居平或居陷時，其人只會有小聰明，而且讓人感覺他是在投機取巧，反應又不算靈敏，又有些賣弄自己的小聰明，會讓人反感的。在運氣上，天機居平或居陷時，運氣也不好，會愈往下墜，愈變愈壞，變則愈慘，不如不變，維持原狀還好一點。

第二章　太陽的特質與格局

第一節　太陽的特質

太陽的特質

太陽星，就指的是白日在我們頭上照耀的太陽。它是中天主星，不分南北，五行屬丙火，專司官祿之主。在顏色上主大紅色。在生子預測上主生男。

同時，太陽主掌權，為權貴之星。所有的人，以太陽為父星。

但女子也以太陽為夫星。像太陽入命的女子，多半與父親緣淺、不合，或性格上有磨擦。未來結婚也與丈夫口角多，或有意見上的不合，這主要是因為他的愛管事掌權，看不慣別人之故。

太陽坐命的人，以白天生的人為吉。就算是在命盤上為太陽居陷入命之人，若生在白日，也稍有加分。若太陽居旺入命者，生在黑夜，也需扣分，這樣前者的人生會略高一點，後者的人生會略灰暗，運氣差一些。

太陽在十二個命盤格式上，會有旺弱之分。每個命盤格式上有十二個宮位，也代表十二個時辰不同之變化。

太陽會由子宮向左及向上移動，好像太陽升起的移動位置。太陽在**子宮時**，也代表子時，是在地平線之下，因此是失輝的（沒有光輝），**在丑宮**，也代表丑時，也是失輝的，但會有太陰居廟同宮，表示月亮還正亮著。**在寅宮**，也代表寅時，太陽居旺，和巨門同宮，太陽即將升起，有灰濛濛的顏色（因和巨門暗星及陰水之星同宮的關係）。**在卯宮、辰宮為旺宮**，**在卯宮**，太陽居廟，和居廟的天梁同宮，是形成『陽梁昌祿』格最旺的基本型式。卯時也代表莘莘學子最佳的讀書上進時刻。**在辰宮**，太陽居旺獨坐，和對宮的太陰遙遙相望，命格在此之人，容易少年得志、早婚，早談戀愛，一生快活。

在巳宮，太陽居旺獨坐，因對宮相照的是巨門（隔角煞），這是太陽坐命中比較愛挑剔、愛計較、多是非口舌的命格。但也能做公職來維持一定的生活水準，也容易有『陽梁昌祿』格。

在午宮，為日麗中天，主富貴，仍以主貴為強。因對宮有天梁

相照，主名聲貴氣，也主桃花人緣。

在未宮、申宮為偏垣。**在未宮**，是日月並坐，太陽在得地之位、太陰居平，太陽在此，能稍主貴，但無財、財較弱，因太陰居平之故。**在申宮時**，是陽巨同宮，太陽已偏西、居得地之位，又與巨門暗星同宮，故是非多，做事先勤後惰，提不起勁來，也易多惹是非，與人不合。

在酉宮，為西沒，太陽在酉宮會和居得地之位的天梁同宮，是雖主貴，但貴而不顯的人，也會秀而不實。亦會做幕僚或檯面下之人，無法出頭。命格在此，多半韜光養晦、退隱山林。

在戌宮，太陽居陷，對宮相照的太陰也居陷，是『日月反背』之格局。人生易晦暗，心情常不好，周圍錢財少，也提不起勁來學習事務或賺錢，做事常起伏、有進退、不順，中年以後懶惰失意。

在亥宮，太陽失輝黑暗，是在地平線之下最黑暗之時刻，因對宮有巨門相照，故也是非多、災禍多，人心晦暗不明，無法衝破難關，一生勞碌奔波、多惹是非，與人不合。

太陽居旺時，有光芒四射，心情坦蕩，表面上是不畏六煞（羊、陀、火、鈴、劫空、化忌）的，但與六煞同宮時，還是會給太陽帶來詭異、變化、不吉的人生，並且更增辛勞和人生的不順。結果總合起來，你會發現，太陽還是怕六煞來相襲的。只不過太陽居旺坐命的人，心情坦蕩、不在乎，也不計較『羊、陀、火、鈴、劫空、化忌』這些六煞入命者的來找麻煩的陰險小人而已。太陽居旺坐命者，嗓門大，吃了虧會大叫，不合理之事也會大聲斥責，因此有鬼怪之人，害怕聲張，自然也就敬畏他了。

太陽的實質意義：是代表一個人的『主宰』及『掌權』的意

義，這個主宰與掌權的機制，不但存在於人的精神意念之中，在頭腦中，或具有象徵的意義，代表『權』、『勢』。這是一種天生自然，及上天賦與的能力，能掌權主事，才有做事主貴的機能，有了貴，富就跟著來了。太陽居旺的意思，也代表能在男性社會及空間有競爭力。

太陽也有趨動命運的光明面的特質

在人類的命運中，我們經常能看到好運及旺運時，人比較振奮、快樂，在思想及行動上，較易往光明面去活動。而在人的命運晦暗時，常不想動，或躲在黑暗的角落，容易懊喪、頹廢，在思想及行動上緩慢，也沒有好的計劃及靈感來靈光一現。因此人常在太陽居旺的運程中，工作、事業順利，心靈和身體皆舒暢，而在太陽

陷落的運程中，事業受滯、不順，容易鬱悶，提不起勁來，而無發展。

太陽會有影響人內在心情的特質

太陽這顆星，無論在任何人的身上都會有影響的。一般來說，你的命盤格式是什麼?你就受到什麼樣的太陽格式來影響了。

例如說：你是『紫微在午』命盤格式的人，那你就會受到陽梁的太陽形式來影響你的內在心情了。如果你是『紫微在丑』命盤格式的人，你一生就會受到在戌宮陷落的太陽在影響你的心情了。

※你自己是那一個命盤格式，就會有那一種命盤格式的太陽形式來照耀你。同時它也會影響你心情的高低起伏、好壞，或是快樂與深沈。

所以，太陽的形式會影響到你的性格，你的內心情緒會開朗或沈悶，思想是寬宏或計較，或喜歡出風頭，或躲在人後面，或是願意坦蕩蕩的正面競爭和打拚，或是做幕後、或檯面下之工作，隱晦過日子。這些種種，都在太陽的影響範圍之內了。

每個人因命盤格式不同，有專屬於自己的形式的太陽，來照耀及影響自己。同時，太陽也會在專屬與特定的時間，對你發出強大的電磁波來影響你。如果能好好善用這些之中的好的時間，就能替自己增加更多好運機會了。

例如：『紫微在午』命盤格式中，太陽是『陽梁』同宮在卯宮的形式，因此每天在卯時，你就能得到『陽梁』的陽光來普照，如能早起讀書，持之以恆，也必能讀書精進，學有所長。而且『紫微在午』命盤格式的人，照耀你的太陽形式，原本就是帶有貴人運的太

日月機巨《上冊》

陽，也具有慈愛心的太陽，還同時是具有名利雙收、有高智慧、大名聲、能奮發、有意志力、喜歡上進的太陽光，有這樣的太陽光照射你，運氣夠好了，你再不早起，再不努力，是否太傻、太笨了呢？所以本命是『紫微在午』命盤格式的人，你最適合在卯時外出、或讀書，或學習，儘量在卯時去尋找你的開智慧的方法和貴人運，這樣才不會辜負這樣的太陽光了。

例如：命盤格式是在『紫微在丑』的命盤格式中，太陽星坐落於戌宮，是陷落無光的。這也表示在你的人生中常容易悶悶的，彷彿常看不到陽光。你自己本身也會情緒常陷於低潮，快樂的時候少，興奮的時刻少，容易在很多時候提不起勁來。因為命盤中是『日月反背』的格局與形式，因此你的人生常像生活在極地，有半年永夜的時光。你也容易感覺時常運氣不好，及心情常陰鬱、放不開。

太陽會寬大、無私、有強烈的穿透性和陽剛之氣來照耀大地。但太陽也是炙熱、火爆，能強制逼乾陰柔的水氣，所以這也是刑剋。**因此當人有憂鬱症時，應多曬太陽**，去除陰柔之氣，中和了陽剛之氣，憂鬱症自然就會減輕，及慢慢痊癒了。

太陽是官星的特質

當命盤中我們把太陽當做官星來看時，官星就是事業之星。於是我們就可從該人命盤中一目了然的能明瞭此人的事業成就的高低了。也能瞭解其人大致工作的範圍及人生方向了。

例如：所有的『紫微在午』命盤格式的人，在你們的命盤中有陽梁在卯宮，這就表示你的人生是和工作、事業、名聲，和長輩有

直接關連的。你會很有上進心，而且喜歡也願意接受長輩、師長的指導，虛心學習。更會以好名聲，高人一等的人生境遇，以及照顧和慈愛眾生為己任的開闊胸懷為你一生努力奮鬥的人生方向。

太陽在命宮：其人會臉大、頭大，或圓面大耳、相貌雄壯，或身材高大。受刑剋時則矮小。其個性多半慷慨、寬宏，不計較別人是非，性格爽直、磊落，也不喜傳遞是非。太陽入命，皆主貴，但要看貴多貴少。其人幼年多與父親無緣，父早逝或離家，晚年與子無緣。女命，則與夫婿或兒子無緣。

太陽居旺入命宮者，一生中定有一段事業光輝燦爛的時候。而太陽居陷入命之人，一生事業較平常，較少有光輝的時候。太陽居陷入命之人，亦要小心中年怠惰，及眼目不佳和身體不佳、高血壓、心臟病等狀況。

太陽在兄弟宮：居旺時，兄弟多，三至五人，兄弟中有事業運極佳、成就好的人，兄弟姐妹感情好，尤其兄弟和你和睦，對你寬宏，相互能鼎力幫助。居陷時，兄弟二、三人，兄弟欠和，兄弟是性格悶、話少，及事業運不算好的人，彼此也少幫助。

太陽在夫妻宮：**居旺時**，配偶是能幹及事業運很旺盛的人，你能因配偶的幫助，而提高自己的身份地位。同時在你的內心中，你很重視事業，也很重視男性。倘若你本身是男性，你就是具有大男人主義的人。倘若你本身是女性，你就是能容忍大男人主義的人，所以你會過得很快樂。

居陷時，配偶性格悶，事業也多起伏、易不順。你天性喜歡內向、內斂性格的情人或配偶，你不喜歡太張狂或太拔扈性格的人。因此你也會找到帶有一點悲劇或失敗性格的人來做配偶。

太陽在子女宮：**居旺時**，子女多，子女活潑可愛，有慷慨大方、爽朗的性格，未來子女的前途及事業會發達旺盛，你也易晚年得貴子。**居陷時**，子女性格內向、害羞，不喜歡表現，你也與子女的關係不太親密，子女數量略少，未來子女的成就也未必有你高。

太陽在財帛宮：**居旺時**，錢財順利，用錢痛快，會做公職或教職來賺錢生財，財富有一定的規格，但財運機會旺盛。理財能力雖不算頂好，但仍會有儲蓄的。**居陷時**，財運常不順，一生所能用的錢財少，你也會本命財少，一生工作也易起伏不定，做不長久。如能做公職或薪水族，少換工作，認真儲蓄，也能日子好過一點。

太陽在疾厄宮：代表頭部、腦部疾病，也代表心臟病、高血壓，以及頭暈、腦熱，或寒溫、頭風之疾（傷風感冒）、腦膜炎等，亦代表眼目之疾。尤其太陽居陷時，定有眼目不佳的問題。亦代表有神經系統或中樞神經的問題。有火、鈴同宮時，有火傷、燙傷。

太陽在遷移宮：居旺時，一生運氣好，尤其在男性社會團體中人緣好，受人敬重。你會性格、長相較陽剛、開朗、發奮力強，一生的事業成就也會較高。你的人生是充滿陽光的。你周圍環境中的人，也大多是性格寬宏、爽朗，對你毫不計較的人。**居陷時**，你一生中會有一段晦暗的時期。你的內心也會常有陰暗深沈的一面。你在男性的社會團體中容易躲在人後面，才能無法顯現。你也易做幕後、或檯面下之工作。你一生的事業成就會有起伏。在你周圍所出現的人，大多是性格悶悶的，內向或內斂型的男人，也容易是失意型或事業不成功的男性。

太陽在僕役宮：居旺時，朋友運特佳。你的朋友大多是男性或性格陽剛的人。朋友也多半是重事業或能幹的人。你能獲得得力之助手或部屬相助事業，來創造事業運。**居陷時**，你的朋友大多是性格悶、事業能力不佳的人，很多也是人生失意的人，他們的事業沒你好，因此也不能在工作上對你有幫助。你要小心有招嫉妒、被憎恨或被出賣等的事情。

太陽在官祿宮：居旺時，事業運好，以公職或教職為人生主要工作。也適合做政治、或領導人、主管等職。你會頭腦聰明靈活、智慧高，在事業上有很好的發展，一生成就大。**居陷時**，工作起伏、不順利，容易付出勞力多，但收獲少，是貴而不顯的狀況。也容易做幕後或檯面下的工作，功勞是別人的。

太陽在田宅宮：居旺時，房地產多，繼承祖產多，且能發揚光大，增加更多的財富和不動產。你能振興家族，家人團結，生活愉快，子孫滿堂，一門和氣。**居陷時**，最初會繼承祖產，但會慢慢賣掉，逐漸減少。你的家人彼此不和，但能隱忍，家中人丁不多。

太陽在福德宮：居旺時，表示你一生忙碌，如太陽一般，不過心胸開闊福份厚，內心坦蕩，是一個做事賣力又積極的人。**居陷時**，你較勞碌，又常沈悶、放不開、內心常鬱卒，勞心勞力，常自苦，會做事不積極，中年以後怠惰的人。也易福份薄，享受少。

太陽在父母宮：居旺時，和父親較相合親密。父母是心地善良、為人忠厚、心胸寬宏開闊、明理的人。父親的事業和財力都會較好，你幼年時代生活較幸福。**居陷時**，和父親不親密，或少見面。父親的事業和經濟能力不算太好，你幼年時期會較窮、較悶，生活不算富裕或不算快樂。

太陽剋應事物：

在人的方面：代表男性、父親、丈夫、兒子、公務員、有權勢的人、首領之人、政治人物、服務員、日夜工作的人、身材高壯之人、有事業龐大或地位高之人。政府首長、公司負責人、校長、公務員課長以上之職位的人、公家機關工作之人、有陽剛之人、有大男人主義之人。技術人員、電力公司人員。

在事的方面：代表大型企業、大集團、公職之事、高官、高地位、高薪之事、公家機關、政府之事，以及有權力運作之事，或管束之事，或學校教育團體之事或工程之事、薪水之事、工作、專業技術之事、政治之事、管理老百姓之事、電力之事、奔波之事。

在物品的方面：代表紅色、或熱的、或火性的物品，或是大而無當的物品，或是大而好看，但不定有用的物品，或是大而粗糙的東西。亦代表公共建築物或公共用品、公共設施、公園設施、能源、電力、石油、馬達、電燈、瓦斯，與火電有關之物、能發出能源或光亮的東西、發電機、電話等。此外還代表人的眼睛、人臉上的青春痘，在東西形狀上亦代表斑點。

在地的方面：代表高大山脈之主峰，代表向陽之地，代表陽和之地，有太陽光照射的地方，代表活人適宜住的空間，亦代表運氣好的風水寶地，在市中心的地方或在高處，更代表男性多的地方、風和日麗的地方、氣候好的地方。以及政府所在地、首都、公家機關所在地、市政府、鄉公所、鎮公所、區公所等的所在地，以及學校校區、工廠、科學園區，技術專業的地方、派出所、警局、公園、公共娛樂場所、酒店、有旗桿，電線桿之處。亦代表足球場、巨蛋型之運動場。

在建築的方面：代表體積龐大的建築、代表公家機關的辦公大樓，亦代表運動類型的體育場、代表高度創歷史紀錄的高樓建築、公共使用之建築、外表有大塊紅色面積的建築、紅牆、紅瓦之建築或大樓。氣勢磅礴、豪邁的豪宅、大院。或聳立讓人害怕、階梯又高的房子。代表磚瓦堆積的建築物。

在疾病的方面：代表腦神經疾病、心臟疾病、心血管疾病、精神疾病、血液循環的問題、小腸的疾病。易肝旺性急、失眠之症、眼目之疾、體內循環系統不良症、生殖器有問題、生殖系統有問題、高血壓、中風、大腸、陽明經的問題、火氣大、痔漏便血、失明、腎虛等。

第二節　太陽的格局

1.『陽梁昌祿』格

太陽的格局首推『陽梁昌祿』格，只要在人的命盤中有太陽、天梁、文昌、祿星（包括化祿或祿存）四顆星，在三合或四方宮位中出現，就能形成『陽梁昌祿』格。為具有高學歷、能讀碩士、博士的格局，同時也能學以致用來賺其人生財富。此為主貴格局，同時也具有貴人運，能幫助人生層次及生活水準提高，更能創造知識性的大財富。

2. 『日照雷門』格

命格為陽梁坐命卯宮，為『日照雷門』格。卯宮為震宮，又稱雷門之地，太陽在『寅、卯』為初升，故有此名稱．其人能有遠大志向與奮發精神，能聲名遠播，財官雙美。以白日生人為吉。

3. 『日麗中天』格

命格為太陽獨坐午宮者，為『日麗中天』格。太陽居旺，代表正午的太陽。其人性格灑脫、豪爽，可有好聲譽、事業有表現，官途上得錢財，富貴雙全。以白日生者為吉。

日月機巨

《上冊》

4.『日月並明』格

在人的命盤中，有太陽居旺，亦有太陰居旺的形式，即為『日月並明』。此格局在『紫微在巳』、『紫微在午』、『紫微在未』、『紫微在申』等四個命盤格式中會出現。因此，這四個命盤格式的人，會比別的命盤格式的人，多了兩個運氣好的大運。這些人在內心性格中也較開朗，人生的光明面較多、較長久。努力奮發的意志力也較強，人生較易有成就。

5.『日月反背』格

在人的命盤中，有太陽陷落，亦有太陰也居陷的形式，即稱

『日月反背』的格局，此格局以『紫微在子』、『紫微在丑』、『紫微在寅』、『紫微在亥』等四個命盤格式的人，就具備此格局。有此格局的人，一生中多了兩個不好的大運。也容易一生中性格較悶、運氣不好、人生起伏多、勞碌多，凡事不易成功，波折多。更容易中年以後心灰意冷而怠惰。人生需要付出較多的努力才會成功。

6. 日辰月戌並爭耀，權祿非淺

此指太陽在辰宮坐命，對宮有太陰在戌宮相照為遷移宮的命格，或是太陰在戌宮坐命，對宮有太陽居旺在辰宮相照為遷移宮的命格。這兩個命格，因為日月並明居旺的關係，故一生環境好，其心胸開闊，桃花多，幼年時代就有桃花，易早婚，或早有姻緣，一生容易青雲直上，受人寵愛，其人也多半貌美，能少年得志，故有富貴。此人也易做公職，而能展現才華。

7. 日月夾命、夾財，不富則貴

『日月夾命』是指命宮被太陽、太陰兩星相夾，此以『武貪』坐命丑、未宮者為正格。

『日月夾財』是指財帛宮被太陽、太陰兩星相夾，此以『紫殺』坐命者的財帛宮為武貪，會被日月相夾。

事實上，武貪坐命的人，或財帛宮是武貪的人，在命格中都具有『武貪格』之暴發運格和偏財運格，因此其人本命就會暴發。並不是『日月夾命』或『日月夾財』的功勞。這兩個格局，是後人附會加入的，並無意義。對人的功能也不大。某些壬年生、癸年生的武貪坐命，或紫殺坐命者愛談此格局，因為他們的暴發運不發，無暴發運，故希望以此格來安慰自己。實際上，此格是不存在的，也無用的，你也會發覺，縱然有此格既不富也不貴。

8.『日月羊陀』多剋親

此指命宮在丑宮或未宮，有『太陽、太陰、擎羊』同宮，或有『太陽、太陰、陀羅』同宮坐命的人，多與家中親屬不合，易親人離散、家破人稀，自己也易離家生活，而其人本身之身體亦不佳，一生運蹇，財少，生活不順暢。

日月機巨
《上冊》

9. 日月守不如照合，蔭福聚不怕凶危

此指日月坐命丑、未宮的命格，不如太陽或太陰在對宮或日月在三合宮位中來相照守的命格。因為日月坐命的人，在三合宮位的官祿宮中有天梁陷落，天梁是蔭星，居陷時，無福，故不佳，一生也易無大成就，也易無名聲或不重名聲。而太陽和太陰在對宮或三合宮位照合的命格，如太陽坐命辰宮、太陰坐命戌宮，或陽梁坐命卯、酉宮，就有太陰在財帛宮三合照守，這些命格也會在命盤上有居旺、居廟的天梁在同宮或對宮或三合宮位上來照守、相幫助，因此有貴人運，故稱有蔭福聚，不怕凶危了。

10. 日月陷宮逢惡殺，勞碌奔波

此指太陽居陷坐命，或太陰居陷坐命的人，在命宮中還有羊、陀、火、鈴、化忌、劫空等惡殺之星同宮坐命時，其人會終身勞碌奔波，辛苦過日子，且身心不安定。

11. 日月同臨，官居侯伯

『日月同臨』有兩種講法，一種是同臨命宮，一種是同在遷移宮來相照命宮。

日月同臨命宮，是太陽、太陰一同在丑宮或未宮坐命的人。在丑宮，太陽居陷、太陰居廟。在未宮，太陽居得地之位，太陰居陷。因此無論在丑宮或在未宮入命，皆有人生起伏、情緒不穩定的問題。況且，日月坐命時，其財帛宮是空宮，官祿宮是天梁陷落，故要官居侯伯，實屬難事，須八字極端主貴才行。

遷移宮是日月同臨時，需無煞星，其命宮也無煞星入坐，財、官二宮也需無煞星才行。其財帛宮為天機、巨門，官祿宮為天同居廟，表示其人可有高知識，做公務員、薪水族、領高薪。但因命宮為空宮，故頭腦常空茫，且環境運氣多變，會如日月奔忙。此命格也需八字配合，要具備『陽梁昌祿』格，才能有主貴的人生境遇，官居侯伯的機遇也不算大。

12. 巨日同宮，官封三代

巨日同宮，是指太陽、巨門同宮坐命的人，以在寅宮，太陽居旺、巨門居廟為佳。但需八字佳，才能主貴。但巨日坐命時，其財、官二宮皆為空宮，故成就不大。縱然是辛年生人，有太陽化權、巨門化祿入命宮的人，其財帛宮為擎羊獨坐，遷移宮有陀羅獨坐，一生之境遇也不佳，只為一為錢財奔忙、一事無成，人生多起伏的人。因此巨日在寅宮為遷移宮，八字再好，主貴的人，較有可能主貴，但也並不一定能官封三代。

《上冊》

此書為法雲居士重要著作之一，主要論述紫微斗數中的科學觀點，在大宇宙中，天文科學中的星和紫微斗數中的星曜實則只是中西名稱不一樣，全數皆為真實存在的事實。

在紫微命理中的星曜，各自代表不同的意義，在不同的宮位也有不同的意義，旺弱不同也有不同的意義。在此書中讀者可從法雲居士清晰的規劃與解釋中對每一顆紫微斗數中的星曜有清楚確切的瞭解，因此而能對命理有更深一層的認識和判斷。

此書為法雲居士教授紫微斗數之講義資料，更可為誓願學習紫微命理者之最佳教科書。

第三章　太陽的形式

太陽的形式，除了分**單星形式**與**雙星的形式**之外，因太陽是中天斗星，是我們這個太陽系宇宙的主宰。當太陽光照射時，是一個明亮的世界，當太陽隱寂時，又是一個黑暗的世界。因此太陽和太陰都特重居旺的形式和居陷的形式，這兩個形式也是相反的，根本完全不一樣的形式，也各自代表不同意義，故而要細分清楚旺弱狀況才行。

第一節　太陽單星的形式

太陽單星的形式，會在子宮、辰宮、巳宮、午宮、戌宮、亥宮出現。太陽在這六個宮位出現的意義也各自不同。其意義會因本身旺弱陷落的位置，與對宮相照的星曜影響而具有各別不同之意義，其形式也就形成了。然後此種特殊的形式再加上祿存、羊、陀、火、鈴、化忌、劫空，又會形成另一些帶有刑剋層級的形式。

《上冊》

太陽在子宮的形式

太陽在子宮為居陷、無光的形式，此為帶有刑剋的形式。因對宮有天梁居廟相照，故太陽在子宮入命宮時，仍會有貴人運，及往名聲上追求的人生。但其人本性沈悶，易躲在人背後，或做幕僚及檯面下的軍師策劃工作，在男性社會中沒有競爭力。此命格八字好，命格主貴之人仍會有大用，但人生有起伏。此命格的人，因財帛宮是空宮，官祿宮是巨門陷落，命格不主財。本命是『機月同梁』格，故安居樂業、韜光養晦是最好的人生方式。況且太陽落陷坐命的人，皆易中年怠惰，打拚力不強，做公教人員最適宜，定有退休金可拿，如財、官再有煞星進入時，就易沒有退休金可享了。

太陽在子宮為財帛宮時，是財運不旺，多陰晴起伏，且容易常沒錢，自己賺錢能力也不好，理財能力不好，很少有錢，有錢時猛花，留不住。因福德宮有天梁，故能得貴人財，會有長輩或配偶給錢生活，故錢雖少一些，仍過得不錯。

太陽在子宮為官祿宮時，表示事業運暗淡不佳。易不工作，或工作不長久，且易常心灰意懶，不想工作，也容易工作斷斷續續，或工作沒有發展。更容易做一些臨時的工作或夜間上班的工作。其人在工作上也是應付了事，不太用心，更容易中途離職，半途而廢。其工作也易是沒有發展的工作。

太陽在子宮再加祿存與羊、陀、火、鈴、劫空、化忌等煞星時，是層次更低，又帶有更多、更厲害的刑剋形式。

太陽、祿存在子宮的形式

太陽、祿存在子宮同宮時，是癸年生的人。太陽因落陷，心裡悶、心情不開朗，再加上小氣、保守的祿存，其人會更瑟縮，有懦弱傾向，因被『羊陀所夾』，故一生的光明面更低，其人會放不開，

易躲在人背後，在男性社會中沒有競爭力。一生只為顧慮到自己吃飯的問題就很滿足了，不會向外發展，在事業上也很消極，但會有一定的工作或錢財可養命。

太陽、祿存如果在財帛宮，表示錢財也少，又很小氣，愛存錢，能稍為存一點點錢，一生用度也少。你也會做一份賺錢不多的工作、辛苦過日子。

如果在官祿宮，表示事業上發展不大，而且是做幕後或不起眼的工作，常獨自一人工作，很孤獨，有一份微薄薪水，也不太受重視。

太陽、擎羊在子宮的形式

太陽、擎羊在子宮同宮時，是刑剋極重的形式，太陽陷落無光，再加陷落的擎羊，故其人易遭災禍及傷災、火災的傷害，易脊椎骨及身體、手足有傷，也易身體傷殘、眼目及腎臟不佳、不能生育等問題。在性格上，其人較懦弱、多煩憂、心情不開朗，有時又會多話，有行為反常之舉。此人是一個勞心勞力、做事反覆，做事成果不大的人。**倘若此形式在財帛宮**，就表示在錢財上是更受刑剋及殘障的，你就會更窮、常沒錢，有錢進來，立刻有事就被花掉了。根本也存不住，易常在窮困當中。**此形式若在官祿宮**，表示工作上原本已不順利，也不賣力，此時會更加變本加厲，易懶惰，故會不工作，會家窮、流浪天涯。也易不婚及遇災而亡。

『太陽、火星』或『太陽、鈴星』在子宮的形式

在子宮的『太陽、火星』或『太陽、鈴星』的形式，在人的性

格上，代表粗枝大葉，有古怪聰明，有鈴星同宮時，會聰明的更古怪，更聰明。而這些古怪聰明，其實是不實際的，會偏離正常的做事方法的。也會急躁、馬虎、粗魯、脾氣不好、易怒，做事粗糙、不精細也不精準，故常壞事的。在性格上，也代表其人會較沈悶、話不多，但內心急躁、衝動，一講話就很衝。在運氣上代表有火災或意外之災的運氣，會悶燒，也代表會燙傷、灼傷的運氣。在顏色上代表黑暗紅色，或黑底閃紅光的顏色。

在命、財、官、遷、福等宮逢此形式時，皆為性格急躁、脾氣不好，做事不長久，錢財存不住，生活草率，起起伏伏，人生不實際，容易聰明過頭，而一事無成。

『太陽、天空』或『太陽、地劫』在子宮的形式

『太陽、天空』在子宮的形式，是性格悶悶的，不聲張就成空的形式。在人的性格上，也代表很內向、純潔、天真，自然也會很幼稚、自閉，少與人接觸，常自己有無限幻想，但這些幻想好像是與世隔絕的，獨自在自己的世界中所有的天真幻想。此形式在命、財、官等宮出現時，都要小心其人思想與現實環境中有差距，而理想太高，做不成。亦會做做停停，或半途而廢。在運氣上，此形式是運氣悶悶的，就成空了。也代表運氣默默的就失去、不見了。凡有此形式運氣在命盤上的人（指『紫微在卯』命盤格式的人），在子時可早點睡覺，渡過此運氣。

『太陽、地劫』在子宮的形式，是性格悶悶的，但有古怪的、不實際的聰明想法，因此把一些原本擁有的好處給劫空、劫走。此

形式在人性格上，代表性格悶悶的、話少，但有哲學家的思考模式，特別聰明，但對錢財不實際，算錢、算帳算不好，易浪費，或不想賺。做事也易不成。其人也會思想天真、幼稚，不實際，幻想多。常會突發奇想，或用簡單的方法，投機取巧的方法來做事，而使事情做不成，功虧一潰，故事情最後也是失敗的。

此形式在命、財、官、遷、福等宮，皆代表腦子不太好、運氣也不太好了，還會有怪怪的聰明，因此事情敗事更快，是顯而易見的事。也容易失財、耗財、做事不長久，人生無力。

此形式在運氣上，代表運氣悶悶的，又有古怪的狀況發生而成空了。亦代表事情在默默無聲的狀況下產生不好的變化而不見了、失去了。凡命盤上有此形式在子宮的人，應早點睡覺、躲避此運。

太陽化忌在子宮的形式

有太陽化忌在子宮的形式，是甲年生的人。因是太陽陷落又帶化忌，故化忌也居陷。**此形式是指**：在黑暗不明的狀況中，又多是非災禍。

此形式無論在命盤中那一宮，都是與男性不合、有是非，且易導致自己的事業不佳，且流年逢子年，會眼目有疾，或有失明危險。有此形式在命、財、官、夫、遷、福等宮的人，會一生不順利，錢財、事業皆不好。也易心情苦悶、抑鬱以終。

太陽化忌居陷是很重的刑剋，凡有此形式在命盤上的人，皆無法有事業上的大發展。其人會在八字上也會多傷官或無官的狀況。

太陽化祿在子宮的形式

太陽化祿在子宮的形式，是庚年生的人會有的形式。此形式是太陽居陷帶化祿。太陽是官星，主事業，不主財。但有工作就會有財。**此形式的意義是**：工作運不佳，較暗淡、財不多。也代表做一些檯面下、不起眼的工作，能得一些財。更表示做晚上、夜間工作能得一些財。此形式在人的命、遷二宮時，表示其人性格悶、很內斂，但有私下圓滑的一面，有暗地裡的人緣機會。只是不會嗓門大、大剌剌的表現出來。此形式在人緣關係上較緩和、輕鬆，但事業運仍不好、財也不多。略有形式上的財而已。

此形式在財帛宮時，財少，偶而有賺錢機會。**在官祿宮**，表示做不重要的工作，有財進，但薪水少。

此形式在運氣上，表示和男性在晚上相遇時，還算和諧，但不宜在白天接觸。此運氣亦表示可賺或可做一些賺少少的錢的、暗地裡、不光明正大的錢財或工作。

凡人有此形式在命盤上時，在子時，你可以和男性討論你工作上之事，或約人在晚上送禮，來打通關節。

太陽化祿在子宮的形式，是官弱、財也弱的形式，故不會做大事，只能做些可糊口、進點小衣食之祿的財的事情。

太陽化權在子宮的形式

太陽化權在子宮的形式，是辛年生的人會有的形式。此形式是太陽陷落帶化權。太陽是官星，帶化權，能掌權，主事業，是最好的了。但太陽居陷帶化權，也是有刑剋的化權，因此在明處是掌不到權的，在正面的衝突、鬥爭上仍佔不到便宜，會失敗，只能在暗

處鬥爭，在私下能掌權、主導。所以太陽化權居陷時，做檯面下的工作，幕僚工作、助理或企劃工作，能掌權管事，會稍有成就。

此形式在命、財、官、遷、福等宮時，其人都會性格悶，又內心強悍，愛做主，主觀意識強，不喜歡聽別人意見，但愛抓權、掌權，但不一定抓得住權，或不一定掌得了權，容易愛管又管不了，或管了一半又不管了。有太陽化權在子宮入命宮時，其人的財帛宮是陀羅，而官祿宮是巨門陷落，遷移宮為天梁居廟，故事業運仍不好，有人照顧，易不工作，或在家族事業中工作，也管不了什麼事。**太陽化權在子宮為財帛宮時**，表示財運不算好，想管錢又管不了。**太陽化權在子宮為官祿宮時**，事業運會有起伏，工作上會愛管又不想管，也會想管又掌不到權，或管一些不算太重要的事情。倘若做幕僚工作，或助理工作，會做得好，又能暗中掌權主事。在爭權奪利上，也要小心應付，不能明爭，要暗鬥才行。

太陽化權在子宮的形式，是官弱、愈振乏力的形式，故容易頑固不化，無法做大事。能做薪水族，為人服務，或成就別人的富貴，自己略有衣食而已。此形式也易中年怠惰，半途而廢，沒有衝勁。

此形式在運氣上，代表想要管，管了一半，又放手了。或是能在檯面下使力掌權，或是對性格悶、話少的男性，有主控力，能說服他。你也會在子時的時候，特別會對男性挑剔或命令他們做事。因此子時的時候也容易和男性吵架，有衝突。

太陽在辰宮的形式

太陽單星在辰宮的形式

在辰宮的太陽單星的形式，是居旺，在升殿位置的太陽。光芒四射，並且一日之計在於晨，故在辰宮的太陽是最令人振奮的太陽。**此形式入命宮者，是『日月居旺』的人生格局**。從小受人重視，討人喜愛，少年得志，能平步青雲，運氣特佳，並有異性緣，易早婚。因對宮有居旺的太陽相照，環境中多戀愛機會，環境中也女性多，會用溫柔、疼愛、撒嬌的方式來相處，是故此人一生好命。此命格的人，易做公務員，生活穩定，也可在外交界、文教界、傳播界擔任要職。

太陽在辰宮形式的特質

此形式入命宮時，有化權、化祿、化忌同宮入命宮的命格皆不好。反倒是沒有化星跟隨的命格較好。因為有太陽化權入命宮時，是辛年生的人，其對宮（遷移宮）有太陰、擎羊，容易公職做不久，及存不住錢、財少。有太陽化祿入命宮時，是庚年生的人，其對宮（遷移宮）有太陰化忌相照，環境中有古怪的錢財與感情事情發生，會錢財與感情皆不順，也易工作有起伏現象，做不長久。有太陽化忌入命宮時，是甲年所生之人，太陽是官星，代表事業，有太陽化忌在命宮的人，雖然在辰宮太陽化忌居旺，仍會事業多波折、不順，或有中途改行，或做不長久。亦會眼目不好，及和男性親屬刑剋，以及在男性社會中和周遭人不和的狀況。

太陽在辰宮為財帛宮時，錢財順暢，會有很好的機會來賺錢，

仍容易做公家的工作來賺錢，財運旺，理財能力雖不算太好，但運氣好，能源源不斷的有財進出。太陽在辰宮為官祿宮時，是官星又居於官祿宮，適得其所。因此事業運特旺，可蒸蒸日上，也能日行千里，成就大事業。有太陽在官祿宮時，仍是和公職、教職、大機關、大機構有關的事業。做生意也能做得好，但不一定會去做生意。

太陽在辰宮入六親宮時，都表示與親屬、朋友感情熱烈，不計較，具相互尊重，尤其和男性之間有博愛及爽朗、寬宏的情誼，很講義氣，能相互溝通及幫助。

太陽在辰宮的意義是：陽氣升起，漸趨壯旺。在男性生理年齡上，正逢十六、七歲的青春衝動期，正是血氣方剛、有衝勁、有理想的時候，同時也是初生之犢不畏虎的年紀，因此出生在此時的人，或命宮是此命格的人，皆是家庭正要興旺，欲欣欣向榮，有小富，但父母並不見得適應剛富有的時候，因此父母間有爭執不合的狀況，也會家中剛有錢，父母就搞外遇、離婚。此命格的人，亦多非婚生子女，為父親有小富，而在外面所生之子女。

此命格的人，代表自己的事業、工作如初升的太陽，前途無量，且易做公職，如日月般寬宏胸襟，日出而作，日入而息，人生有一種規律與保守性。

太陽在辰宮剋應事物：

在人的方面——代表重事業的人，也代表事業剛起步的人，亦代表心胸寬大、不計較別人是非、生氣氣不久的人。更代表青少年時代的男性，代表衝動、用腦不多，傻呼呼的男性。亦代表公司中剛入行的男性，或剛入伍當兵的男性。亦代表公司、機關中課長以下的小管理階級人員，如組長之類的人。亦代表年輕、有衝勁，但辦事未必牢靠的人。

在事的方面——代表初期教育、預科教育、幼稚園教育、先修班教育，及語言或醫學先修班教育。亦代表低層的公家機關，如戶政事務所、鄉政公所等，或社區活動中心、民眾活動中心、區公所等機關。亦代表剛建立的公司、新設的公家機構、新的工作，有無限希望、前途的新興行業。新技術的行業、新官上任的工作、奔波如日月穿梭的工作。剛起程要辦之事。

在地的方面——代表新建之工廠、新建立、或設置年份不久的學校，新遷入之警察局、新設立之公家機關大樓、與新技術、新科技有關之工地或廠地。與新能源有關之工廠、園地，與新設立的

交通工具有關之車站或停駐廠地。

在物的方面——代表美麗純潔的眼睛、代表新與能源、新開用之馬達、新換電燈或燈泡、新設立之瓦斯線路或器具、新的與火電有關的能源物品、新的斑點、剛發起之青春痘。新的、正好用的辦公用品、新的工作服。新的、正好用之工作器具。

在建築的方面——代表新蓋的學校、新蓋的大樓，或年份還算新、剛蓋了三、四年至七、八年份的大樓，外表依然很新之大樓，或新設立，又有新建築之公家機關，具有和新技術有關之建築。建築外表是新新的紅色的建築、建築外表是略具有發亮的紅色之建築，外表雄壯威武之建築、建築物中男多女少之建築、紅色豪宅、新建體積龐大之紅色大樓或宅第。外表粗大、粗獷不細緻，剛蓋好可用，不預備用很久之建築物。

在疾病的方面——代表稍高一點的血壓毛病、輕微頭痛、輕微感冒、肝火稍旺、輕微心臟病、中風等，眼目視力稍為模糊、不嚴重，生殖器、小腸之毛病。有擎羊同宮，要小心心臟、腎、眼目不佳。

太陽、擎羊在辰宮的形式

太陽、擎羊在辰宮的形式，是『刑官』的格局形式。表示會事業不順暢、眼目不佳、心臟不好，也會和男性有刑剋不合的狀況。這是乙年生人所擁有的形式，因對宮有太陰化忌相照，故是本質不佳，生不逢時，出生環境不佳，亦會有腎臟、膀胱方面的毛病。一生所處的環境，也會是好像有一點錢，但仍有很多錢財上的困擾和麻煩，並且在理財方面是能力不佳的。

此形式在財帛宮時，代表錢財有機會去賺，但競爭多，有時也會賺不太到，或因自己有其他的想法而不去工作賺錢。亦會守不住財，或錢財容易流失、耗財。

此形式在官祿宮時，正是『刑官』格局，刑剋事業了，容易改行，或事業做做停停，做不長久。一方面也會在事業上多競爭，在男性社會中沒有競爭力。其人容易懶洋洋，提不起勁來做事。並且有此形式的人，也容易婚姻不美，不婚或離婚，人生起伏多。

※只要有太陽、擎羊在命盤上時，無論在那一宮位，都是刑剋格局，也都和環境中的男性不合，有刑剋、衝突。

『太陽、擎羊在辰宮的形式』在顏色上會變暗紅色。此形式是代表太陽光被惡意的遮罩住了，因此會晦暗不明。因此顏色變為暗紅色，或較醜陋的舊紅色。如果遇傷災出血時，也會是暗紅色的

血，表示是大動脈出血，因此要小心。流年、流月、流日逢此時，小心勿受傷。

太陽、陀羅在辰宮的形式

太陽、陀羅在辰宮的形式中，太陽是居旺的，陀羅居廟，表示早上初升的太陽有古怪現象，或升起較慢，是一種早晨時間天空雖灰白明亮，但沒有太陽，也看不見太陽光金光四射的樣子，有些悶熱、急躁，會流汗，又靜不下心，做不了什麼事的一種狀況。這也是『刑官』的形式，表示性格會悶，又內在是炙熱的，做事會大而化之、粗糙、不諧調、粗俗、馬虎，做事不精細又拖拖拉拉、不用心，常出錯、用腦不多。此命格的人之長相也是臉大、頭大、頭顱圓圓的，有些笨拙、不聰明的樣子。其人一生在工作上會有一些起伏，因有擎羊和天機化權在福德宮，會聰明反被聰明誤，反而吃大虧。而且會多計較而精神痛苦。其人一生中也總有事情錯過，十分可惜，易常在後悔當中。

當家中有命格是『太陽、陀羅』在辰宮的人出生時，表示其人先天性身體上會有一些問題，很可能是遺傳上的病症，會有開刀狀況或血液的問題，更可能出生時便要換血才能生存。其人和本身家族間的關係是十分淡薄的。

太陽、陀羅在辰宮的形式，表示太陽是灰白色的，入命宮時，自然一生容易不順利。此種不順利是因其人頭腦頑固顢頇，自己內心煩惱多，又不相信自家人的結果。

此形式在財帛宮時，表示做公職或薪水族有錢賺，但不一定會做得長久。有時錢財待遇還可以，但會拖拖拉拉進財慢，或有耗財

現象，理財能力不好，或工作起伏偶有不順的時候，進財也不會那麼多了。

此形式在官祿宮時，表示工作會做粗重、不細緻的工作，做事也會馬虎粗糙、事業上進展不大，常進一步退兩步，不算順利。做武職軍警業會較好，做文職會做不長久，升遷也不易。

在流年、流月的運程上，代表能有工作，但會遇到一些麻煩，亦可能碰到較笨的男性。或你自己是男性時，你自己會較笨、較頑固，而使自身的事業會拖拖拉拉，沒法子有好的進展。

『太陽、火星』或『太陽、鈴星』在辰宮的形式

『太陽、火星』或『太陽、鈴星』在辰宮的形式，因太陽居旺，而火星或鈴星居陷，故是『刑官』色彩的形式。**有此形式時**，

表示太陽的火氣不旺，會悶熱、悶燒有古怪現象。**在顏色方面**，此形式也代表是一種不正統的紅色。或是一種有古怪的現象，不好看的紅色。

『太陽、火星』或『太陽、鈴星』入命宮時，其人性格衝動、脾氣古怪，做事快速、馬虎，為人特別聰明，好時髦，做事三分鐘熱度，做不久，更容易耗財多，理財能力不佳。也易改行，人生多起伏。

此形式入財帛宮時，表示錢財來的快，也去得快。原本賺錢的機會還不少，但常會有一些不熱鬧、不暢旺的小事發生，使你賺錢的機會發生古怪現象，而無法賺到或得到原本那樣多的錢財。在可用、可花的錢財上，也容易花一些古怪、不實際的錢財，耗財多。

此形式入官祿宮時，表示工作起伏多、不長久、容易改行。做

事三分鐘熱度。原本事業運不錯，但會因古怪想法而不從正道上去做事，以致於事業運斷斷續續，或高興時很愛做，不高興時，不想做事。

此形式入大運、流年、流月、流日之運氣時，表示在旺運、好運的運氣中，會因衝動、急躁、火氣大，或因古怪聰明的想法，而突然發生一些事情。是吉帶凶的運程，要小心火災、燙傷、車禍、耗財，或突發事件。也要小心原本熱鬧的局面，而突然變得冷清，而事情做不成。

『太陽、天空』或『太陽、地劫』在辰宮的形式

『太陽、天空』在辰宮的形式，是『官空』形式，代表事業運不強，容易不實際或頭腦空空，精神不集中，或在事業上的注意力

沒放太多。

『太陽、地劫』在辰宮的形式，是『劫官』的形式，代表事業運易被劫走，其人容易用特殊古怪的聰明來做事，也容易有特殊古怪的看法，來看待事情，常會超出常理之外，或不同於一般正常做事業的方式，故容易做事做不成，而事業多起伏。

『太陽、天空』或『太陽、地劫』在辰宮入命宮

當命宮是『太陽、天空』在辰宮時，其人的福德宮中有『天機居廟、地劫』，當命宮是『太陽、地劫』在辰宮時，其福德宮有『天機、天空』，表示其人頭腦清高、有特殊的聰明才智，但不實際，思想方式和常人不一樣，因此聰明會無用，無法用到正常的賺錢或工作上。因此人生起伏多端，容易工作做做停停，高不成低不就，難

成大業。

太陽化權在辰宮的形式

太陽化權在辰宮時，是辛年生的人，**入命宮時**，其對宮是太陰、擎羊。表示自己很陽剛、頑固、喜歡掌權、喜歡做事，但環境不佳，女人對你有刑剋，環境中錢財也少。你也容易公職做不久，或做薪水族做不久，你容易自己做老闆，但賺不到太多的錢財，用口才可賺一點錢。

此形式在財帛宮時，代表可掌握工作或事業上的大錢，但不喜歡也不精於管小錢。你會用口才來賺錢，你適合做公教人員，手上管的錢大，但自己得財很固定。

此形式在官祿宮時，表示事業能掌握，且發揚光大，但婚姻不美，也可能因婚姻之事會影響事業。也要小心桃花事件而影響事業。

太陽化權在辰宮，在運氣上代表：能掌握事業的運氣。會忙於工作，喜歡工作。工作機會多，心情開朗、有衝力，很多好機會都能掌握。此運中也會開創一些新事業，但你周圍能運用的錢財不多，會辛苦來草創經營。此運會勞碌不停。

太陽化祿在辰宮的形式

太陽化祿在辰宮的形式，是庚年生的人所有的形式。**入命宮時**，其對宮有太陰化忌相照，表示其人男人緣很強，女人緣較差。其人也會在工作上及男人社會中如魚得水，但其人是主貴不主富的人，而且常在環境中有錢財上之麻煩。你也不適合做公教職，或做不長久，易改行，做其他行業。也易待在男人多的工作場所，女人都使你頭痛。你一生也容易不富裕，但有工作就有吃穿用度。

此形式在財帛宮時，表示工作上賺錢多，男人會給你錢賺，或給你錢花用。你一生無錢財煩惱，錢財會源源不斷而來，你的命宮有祿存獨坐，你是個小氣保守的人，因此還能存些錢財。

此形式在官祿宮時，表示工作上能賺錢不少。你適合做公務員，或大公司、大企業上班的人，事業運很好，男人也對你有利，會給你錢賺。你的工作場所很陽剛。你也容易在美麗、氣派的高大建築中工作。你適合做錢財穩定、名聲響亮的工作。

此形式在運程中代表：此運程在事業上能得大錢財，男性對你有利，男性也會和你親密友好，你會往事業上發展。此運適合去公家機關洽辦事情，會順利、快速，能得到男性工作人員的幫助。

太陽化忌在辰宮的形式

太陽化忌在辰宮的形式，是甲年生的人所有的形式。**入命宮時**，太陽化忌是居旺的，表示太陽有古怪現象，其人眼目不佳、有眼疾、身體也不好，一生事業起伏變化多，會常改行。其人內心有古怪想法，心情也常不好，從小易家窮，或為非婚生子女，家庭不完整，幼年辛苦，結婚後才稍好一些。但一生仍是事業不順的狀況。

此形式入財帛宮時，表示財運表面看起來還好，但實際是有古怪現象、不好的。也會做事不長久，做做停停而錢財不順。其人一生會在有稍許錢財吃飯，但會在窮窮的日子裡討生活。

此形式入官祿宮時，表示事業上有一段時間還不錯，但終究會時間不長，垮下來。也會常改行，凡事做不久，每次看起來事業要做起來，要好了，但又失敗，功虧一潰了。因此其人終究會失敗的，其人的腦子也會有投機取巧的奇怪想法，總以為事情很簡單，也不想把根基打好。而且失敗多次也不覺悟，故老年辛苦。

此形式在運程中時：代表運氣有古怪現象，看似好了，但又有是非麻煩，做事不順，有男性阻撓，工作上易遇麻煩，事業易遭劫難。凡事不順利，如遇火災時，是古怪、奇妙的一把火，也易查不出原因出來。也要小心此運中會受傷及喪命，和眼目有疾的問題。

太陽在巳宮的形式

太陽在巳宮的形式，太陽是居旺的，在升殿的位置。亦表示是早上九、十點鐘的太陽，太陽正大，是火辣辣的狀況。太陽光也會金壁輝煌、光芒四射的照耀大地。太陽在巳宮時，因對宮有巨門相照，表示太陽的光芒可直射黑暗陰濕的角落，具有大無畏的精神。但此處的太陽有嚴剋、刻薄、管束的狀況，所以容易引起外在物質或外在環境中的變化，使某些事情變得沒有想像中順利了。

太陽在巳宮形式之意義：表示太陽光極旺，非常亮。在極亮的太陽光之下，暫時看不見一些隱晦的事。並不是那些是非、災禍不存在，而是光線太亮，或太開心、太自大、太寬容、太馬虎、粗糙。太自以為是，而無法看清事實。但只要時間一過，或太陽稍為偏一點，問題就會出現。

太陽在巳宮的形式，入命宮時，表示其人出生時的環境中，家人表面和樂，環境中有一些好事情，也同時有一些壞事情發生。但當時的狀況，大家都只愛談論好事，而某些隱憂會暗藏起來，但日後仍要一一解決。

太陽在巳宮坐命者，一生環境中多是非、吵雜。而且其人對人多挑剔、喜歡用言語管束別人，性格強勢、自律也較嚴。此命格的人，容易形成『陽梁昌祿』格，可讀書好，學歷高，未來從事醫科、教職，事業前途遠大、知識水準高。無法形成『陽梁昌祿』格的人，也能做公務員或教職，或做保險經紀人，用口才賺錢吃飯。其人因財帛宮為天梁居旺，多半由別人、長輩或朋友來介紹工作，能做得久。此命格之人，其命、財、官皆在旺位，只要無化忌、劫空、祿存、陀羅、火、鈴同宮或在對宮相照，便是一生平順、快活的人，事業、財運都會很好。

此形式入財帛宮時，表示能做公教人員，或銀行上班，或薪水族，賺錢的機會多，錢財順利，會只算計大錢，不算小錢。一生不為財愁。

此形式入官祿宮時，表示工作運很強，而且主貴，能出大名，事業會蒸蒸日上，能具有大事業或能做大集團。你一生會用很多心機在事業上，在事業上回收的價值也很高。

此形式入流運中時：表示此運是開朗、開心，運氣正在旺運之上的。你也會心地開闊、做事積極、聰明，但是仍會有一些事情會困擾你，或騷擾你。你也會喜歡管別人和挑剔別人，尤其是愛管家中的男性，也和家中的男性口角多。不過爭執不嚴重，他們都會讓你。在此運中，你更會注重事業、工作，事業上會有新的進展，同時也會有新的問題待你解決。不過，事業前景是十分有利的。

太陽在巳宮的顏色是金紅色。

太陽、陀羅在巳宮的形式

太陽、陀羅在巳宮的形式中，太陽居旺、陀羅居陷，表示在早上九、十點鐘時，太陽光時顯時隱，有時炙烈的照射大地，有時天空灰白，躁熱，看不見太陽。此時會心情煩躁、是非多，易急躁、流汗、靜不下心來，煩惱多，也容易四肢無力，或頭腦灰亂，不想做事。

太陽、陀羅在巳宮的形式是『刑官』的形式。會事業上拖拖拉拉，起伏不定，在思想上腦子慢、較笨，做事不乾脆，想得多，又想的粗略、馬虎，會為旁枝末節的事煩惱，是非太多而做不成事情。

『太陽、陀羅』在巳宮所代表的顏色，是不漂亮較醜的金紅色，或發白、不整齊、較破舊的金紅色。

太陽、陀羅在巳宮的形式入命宮時，其人一生煩惱多，是非多，心境不平靜，頭腦笨，有精神上之痛苦，容易窮，或工作沒法子勝任。丁年生的人，會有巨門化忌在遷移宮，表示出生時就是非多，也一生生活在是非困難之中，因此會窮，或無法工作，靠人給錢養活。己年生的人，能靠兄弟過日子，自己也能工作有衣食，但一生成就不大。

此形式在財帛宮時，表示在錢財上，有時有錢，有財運，有時會拖拖拉拉，進財不易，或有是非耗財之事，會讓人煩惱。

此形式在官祿宮時，表示工作上會做粗重或笨一點、不精細的工作，也無法做文職工作，做軍警業較佳。丁年生人，因夫妻宮有巨門化忌相照官祿宮，因此婚姻不順也會影響事業不佳。亦會工作起伏大、斷斷續續，升職不容易。己年生的人，工作雖起伏多，但

《上冊》

只要自己不自找麻煩，工作仍能保持得住。

此形式在運程中時，表示工作運雖還算好，但要小心有跌倒、不順的時候。丁年生的人，麻煩較嚴重。己年生的人，麻煩較輕，只是事業有停頓現象，做得不算很好。此運不適合創立新事業，要小心耗財，或拖拉延遲，做事不順。也要小心傷災問題。

太陽、祿存在巳宮的形式

太陽、祿存在巳宮的形式，是丙年或戊年生的人所會遇到的形式，太陽五行屬火，在巳宮頂旺，而祿存五行屬土，在巳宮火土相生，因此『太陽、祿存』在巳宮是具有火土相生、相互有利的形式的。此形式會使太陽變得孤獨、悶悶的，會是火紅色，有發悶、發暗的狀況。

太陽、祿存的意義：有孤高、孤獨、孤單的意思，因為羊陀所夾，故強勢的太陽變得膽小、懦弱，故是有瑕疵的太陽了。

當命格是『太陽、祿存』在巳宮的人出生時，表示家族、家庭中是非多，其人受到壓制，本來大而化之，或開朗、豪放之性格受到壓制，因此會小氣、保守，放不開。也會有時候很寬宏，有時又很吝嗇、嚕嗦、放不開。如果有『陽梁昌祿』格的人，人生層次會高。無貴格的人，只會做守財奴，又不一定存得住錢，且易和家人不和，會因錢財關係和家人起衝突。其人也易做人養子女，和父母緣份淺。也會幼年身體不好，不好養，稍長會變好。更要小心腎臟、眼目不佳的問題。此人也會事業保守，工作穩定，有一定的薪水，一生按部就班，事業做的不大，但也能生活無憂。

太陽、祿存在巳宮入財帛宮時，表示有薪水的錢財可用，花錢

小氣，很愛存錢，工作運好，故能存一些錢。但老的時候不一定能存得住錢。你仍要小心財庫有破洞，或財庫易被騙、被欺負，而失去財物。

太陽、祿存在巳宮入官祿宮時，表示工作上只做一些糊口的工作。事業運表面很好，但保守、放不開，故小氣的過日子，有錢賺，也不想賺太多，做公教職或軍警工作之人會有發展。做其他的行業會辛苦、賺錢少。

太陽、祿存在巳宮入運程中時：表示會在工作上改進發奮一些，但付出勞力不會太多。此運程會自私、吝嗇，表面又大方、寬宏，實際上，此運是保守、內斂的運氣，工作上所賺的錢也只賺一點點，不會太有機會賺大錢的。如果是有『陽梁昌祿』格時，則在此運參加考試，仍會高中，也會升官、有名聲，能得到地位，但在權力方面，只會得到一點點。

『太陽、火星』或『太陽、鈴星』在巳宮的形式

『太陽、火星』或『太陽、鈴星』在巳宮的形式，是太陽像一團火球一樣，有特別古怪的旺熱，已超出了正常現象。此形式也代表金紅色帶有閃光或反光現象的顏色。此形式仍然是『刑官』色彩的形式。表示事業會奇怪的旺盛，已超過正常現象，可能立即就將焚毀了。因此會帶有物極將必反的隱憂。

此形式入命宮時，其人會性情急躁，做事馬虎、不精細、草率、潦草。做事速度快，膚色偏紅，滿臉紅光，也易得血壓高之症狀。其人一生也易有一次暴發事業，將事業發光發亮的機會，但時間不長久，隨即會光亮消失、沈寂。

此形式在命宮者，皆愛時髦，喜愛科技類產品，愛現，做事和愛好都是三分鐘熱度，很容易過去。而且聲音大、脾氣大，快發快過，不記仇，但當受刺激會立即反應、報復。此形式入命時，仍有刑剋色彩的，會突遇意外災禍而傷身，或本身的身體不好，因此在工作上支持力不長久。**太陽、火星入命宮時**，其人易發燒，或有意外傷災、車禍、火傷等。**太陽、鈴星入命宮時**，其人易燙傷，或有車禍意外，或發炎的問題。

有這些形式入命宮或在三合宮位中的人，皆要小心，會得時髦或正流行的病症。因此有流行病症發生時，此命格的人，是最容易先受傳染而受害的人。

此形式入財帛宮時，表示錢財上賺錢很快。是一票一票的賺，每一票賺錢機會都會很古怪，會突然很熱鬧，來了一堆人或一堆事讓你賺。有時候卻很冷清沒有工作或賺錢機會。而且你也會一時高興就花費大把錢財買時髦的東西。事後卻發現所買之物，全是無用之物。

此形式入官祿宮時，表示事業上會有一段時間很旺，而其他時間則沒有那麼好。你也會在工作上斷斷續續，或做做停停，或是有古怪聰明的想法，一直要等到狀況最好的時候才做，但會高興時做一點，不高興時根本不做。事業易中途而廢或停止不動。

此形式入流運中時，表示運氣是突然有一陣、又沒一陣子的。運氣好時，很熱鬧、人氣旺，你的事業如日中天。運氣差時，很冷清，事業運下滑也很快。因此你會在一種起起伏伏、高高低低的狀況中度過。在此運中，你也會有古怪聰明，或一時興起，但做事做不長，興趣也不持久，馬上就會變了。

『太陽、天空、地劫』在巳宮的形式

『太陽、天空、地劫』在巳宮的形式，太陽屬火，天空、地劫也都五行屬火，是三個如火的太陽，因此是一片火海空寂，會全都燒毀不存留了。此也是事業空空的『官空』形式。此形式所代表的顏色是『超紅』，紅到令人看不到其他的東西，或是紅到沒有用為止。

此形式入命宮時，其人會頭腦空空，性格寬宏、清高、不計較，想的也不多，做事沒有責任心，高興時做做，凡事也無計劃，凡事也無所謂，容易隨遇而安，煩惱不多，但有時會為一些不重要的事煩惱。其人不喜歡別人挑剔他，否則便會躲避而離開。此人一生做事不長久，沒有事業心，但有時他也會假藉一些藉口來把自己的無能怪罪到別人身上。其人外表沒有心機，有時候還有異性緣，因此能找到吃飯的地方。

此形式入財帛宮時，會手上錢財空空。當有此財帛宮時，其人會外表看起來還富裕，但實際手上常沒錢，摸不到錢，也管不到錢。其人可清高過日子，自然有人幫他算錢。其人也會花錢大方，不心痛、敢花、敢捨，為錢煩惱的時候少，只要有固定工作，便不愁吃穿了。

此形式入官祿宮時，表示其人不想為工作煩惱，也不想在男人社會團體中競爭，因此他會沒事業。但是他可以管理家產，只要田宅宮的武曲財星無刑剋，其人就會管理自家龐大的家產而做為終身事業了。

此形式入流運中時，表示你會傻哈哈的不計較，也會不想為任何事煩惱。此運中要小心工作會失去或結束，也要小心失去親人中

的男親屬。更要小心和你周遭的男性不合，或得不到你周遭的男性幫助。要小心病痛和眼目不佳的問題。此運中不適合開刀或新創事業。此運程是外表看起來好，但內裡是空無一物的運氣。凡事最後，仍是一無所有。

太陽化權在巳宮的形式

太陽化權在巳宮的形式，太陽五行屬火，化權屬木，故是木增火旺的形式，此形式有加強名聲、地位，對男性有加強支配力的力量。這是辛年所生之人會有的形式。而且此形式對宮有巨門化祿相照，**故此形式的意義是：**周圍是對人有利的，但又嚕嗦的、事情多的狀況，可是你會有掌握支配事業、工作的主導權，而且你對男性有支配管束的力量。只要你用流俐的口才，便能對男性有主導和主

日月機巨《上冊》

控力量，使他們能聽你的話，也讓你事業成功。

太陽化權在巳宮為命宮時，其人會長相氣派、方面大耳，具有權威、喜歡當家做主，注重事業，口才好，言詞圓滑，特別有陽剛之氣，也會對男性有說服力。並且可以好口才來成就大事業。其人適合做公職，或以法律或司法機構工作，能具有名聲、地位。

此形式在財帛宮時，表示手中可掌握大錢財，也喜歡管理錢財、帳務，但所管的錢多半是公家的錢，或工作上的錢財。因此你適合做公司、機構，或銀行的帳務、財務管理工作。也適合做公家機構的出納、會計或帳務管理部門的人，但你本身的理財能力未必是好的。

此形式在官祿宮時，表示事業運暢旺，而且你天生在男性社會團體中有競爭力，你能掌握事業上的發展，能成就大事業，做公職或大機構上班，會成為有地位及具有權勢的人。你也可以自己做老闆、負責人，成立大事業。你更可走官途，步步高升，或做與政治有關之行業，成為有權有勢的政治人物。

此形式在運程代表，此運是旺運，能掌握機會使事業向上發展。更代表在巳年或巳時，你能對男性有掌控力，能說服男性，或能壓制男性，使他們臣服於你。此形式還代表在此運程中在男性社會中具有競爭力，因此也會事業有提升作用。某些人在走此運時，會升官加薪，十分快樂。此運更適合參加考試，能中榜。也適合宣揚名聲，或往上爬，成為主貴的人生經歷。

太陽化祿在巳宮的形式

太陽化祿在巳宮的形式，太陽五行屬火，化祿屬土，故是火土相生的形式。此形式有使暢旺的事業、名望、地位，有保護、加溫的作用。對男性有說服、圓滑的溝通後，再支配他的力量。這是庚年所生之人會有之形式。此形式三合宮位中有『太陰、擎羊』，因此若是對男性好、對事業好，則必有和女性不和，相互剋害之事。也會在事業上用力，但錢財或薪水不多，賺錢辛苦的狀況。所以當命盤上有此形式時，你的人生必有偏向男性為主軸的人生，而在你的生命中也必有和女性不合的遺憾。

太陽化祿在巳宮入命宮時，其人會長相方面大耳，但溫和、人緣好，心胸開闊，對人和善，口才好。尤其會和男性友好，吸引具有陽剛氣的人。此命格的人，會在事業上有很多想法，但不一定會做的成，而且容易改行、換工作。在事業上易起伏多端，薪水賺不久，做生意也易失敗，一生只是油滑而已，其實頭腦會笨、不聰明，只是靠甜言蜜語討生活而已。

太陽化祿在巳宮入財帛宮時，表示在工作上或事業上能得蠻多的錢財。你會以做公職、教職，或薪水族領薪水的方式來賺錢。你也會靠工作上名聲響亮之事來賺錢。但你的本命是『太陰、擎羊』，本命是刑剋色彩的人，故你的思想能主導你賺大錢的本領，就要看你本命受刑剋的程度了。倘若身體有傷殘現象的人，命中財會少一些，但會有固定能過不錯生活的收入。倘若身體還好，還未發生傷災血光之人，能賺多一點錢財。只是逢酉年就會有災，要小心。

太陽化祿在巳宮入官祿宮時，表示你能做公職，也能在男性社會中生活快樂，有薪水可賺，但你的財帛宮是太陰、擎羊，表示手中錢財仍少，會窮。你也可能錢財交由他人代管，而身上無錢。你仍會常為錢財煩惱，有錢也存不住。

此形式入運程中時，代表此時和男人親密，能相互吸引，能說服男性及和男性溝通順利。此時也會在工作上賺到一些錢。或是到公家機關洽公會順利。更容易在讀書、考試、升官上順利。

太陽化忌在巳宮的形式

太陽化忌在巳宮的形式，太陽五行屬火，化忌屬水，是水火相剋的形式。化忌在巳宮火土之宮位較弱。此形式是太陽變色、發白、發黃，或有雲遮住，變成悶熱或過熱，或有日蝕現象，恐產生不吉的狀況。有此形式在人的命格之中時，易工作受阻、不順利，頭腦不清，不喜歡走正常的大道，喜歡走岐路，或拐彎抹腳的走路，因此易改行，東做做、西做做，做不成功。一生也多遇磨難，心情不佳，性情內向，有時會太大而化之、馬虎，有時又計較多，終其一生，在事業上多受阻，不順利。有時是運氣不好，但也會因為自己思想上有偏差和怪異現象而不順利的。

太陽化忌在巳宮入命宮時，其人外表長相人緣不佳，不討人喜歡、人緣桃花少，性格表面溫和，但男性尤其不接受他。其人在思想上、行為言行上也有較多的矛盾，常心性不寧，多煩惱，也容易引起和男性之間的是非，工作上有較多的不順利。因此會賺錢少，工作做不長，容易怨天尤人。一生沒有成就。

太陽化忌在巳宮入財帛宮時，表示在工作上會不順，因此無法靠工作賺錢。同時，你也會計算能力不好，對錢財糊塗，容易耗財，容易有債務發生。一生都常有金錢困擾。會是外表看不出來，而實則窮困，無錢的狀況。

太陽化忌在巳宮入官祿宮時，表示工作會不順或做不長久，易中途改行。或有古怪想法，中途做做停停。或與男性或上司有衝突、是非，而被辭退。亦可能在工作上有官非、訴訟之事，一生無法有成就。

此形式入運程中時，代表在此運程中和家中男性親屬，以及和周圍男性人士有是非糾紛、不合。在此運中工作上定有不順，會賺錢少或失業，或轉行，或被辭退，也容易遇官非，或和男性糾纏不清。更會與公家機關有衝突，洽公不順利。一生也難有貴人運和升官運，財運也不佳。

太陽在午宮的形式

太陽在午宮的形式，是『日正當中』、『日麗中天』的形式，顏

色是正紅色。也代表正午的太陽，陽光會平均的、大公無私的，灑向每一個角落。

太陽在午宮，旺度在帝旺的層次，其光亮是一種極致的層次，即將西斜，光輝會漸漸減弱，因此有趨向緩慢怠惰的隱憂。是一種表面熱烈、積極，有衝勁，但會偶而有後繼無力的狀況。

太陽在午宮的形式，對宮有居廟的天梁相照，表示是在一種老的、成熟的、足智多謀的，得到優良照顧之下的一種環境中，如日麗中天的太陽般生存，放射光芒。**如果是太陽在午宮的形式入命宮**，容易對家中男性及家中男性長輩有刑剋，不宜住在一起。而且如果同住的家中長輩如父母或父親、丈夫去世不在的話，此命格為破格、有瑕疵，其人前途事業也不會太有發展了。

太陽在午宮坐命者，家中必須有老人相伴生活，人生會過得順

利愜意，事業也會順利得多。此形式入命的人，也代表外在環境中桃花多，易有婚外情。更代表其人重名聲，善於學習，一生運氣暢旺，常可得到年紀大的人之教導，因此有『師格』，亦可在文教機構做老師，再教導別人。

太陽在午宮坐命者，是日麗中天，位置已至中天，無人可一起匹配，故其人性格有孤獨的狀況。且身體上易有缺陷（易有肝腎不好之缺陷，或有生不出兒子之缺憾）。其人必定會在工作、事業上有所表現，但易遭忌。此命格之女性也主貞潔、賢淑，在事業上有表現。

凡太陽坐命者，理財能力都不好，會大而化之，手頭寬鬆。如果再有火、鈴同宮入命者，易常有突得之錢財，也易於在官途上得錢財。太陽是『官星』，主政治，或公職，因其人財帛宮為空宮，有機陰相照，而太陰是居平的，在官祿宮有巨門陷落入宮，因此此命格的人，在工作上是十分辛苦，賺錢不多的。此命格的人，大多不重錢財，重名聲，因此做公務員較好，生活會穩定。此命格的人，要有『陽梁昌祿』格的人，主貴氣，能有高地位及大事業。無此格局的人，為一般普通人之命格。此命格的人，田宅宮是紫貪，表示會住在美麗、高尚的房子中，但房子不見得是你的，縱使你有房子，也會因某些事情會賣掉。有時候是父母會給你家產，但你未必有興趣接受的狀況。

太陽坐命午宮的人，夫妻宮是天同，故有穩定婚姻，和溫和、不多管的配偶，婚姻生活會平淡無奇。此命格之男子易有外遇，因心態天真，如果配偶能容忍、等待，他依然會回到家中來。

太陽在午宮入財帛宮時，表示財運如日中天，常有長輩或年長於你的人，給你錢花。也會有人介紹你工作，使你賺錢多。有時候你也不一定工作，會等別人給你錢花。你倒是有花大錢的機會，某些人易靠桃花來得財。命格中有『陽梁昌祿』格的人，會由讀書做事，或在學校任教職，得人提攜，而有平順、財多，財官雙美的人生，但時間不一定長久。

太陽在午宮入官祿宮時，表示事業正旺，事業是主貴的工作，賺錢不一定多，但名聲會響亮，是得人敬重的行業。更容易是與政治有關，或和政府有關的工作。也適合教職、軍警職，會奔波忙碌，也能得貴人相助，事業大發，如日中天。

此形式入運程中時，表示運氣大好，尤其是和事業、男性、公機關、公職、政治等有關之事，都會運氣好，對你有利，因此可好好把握。此運程也利於考試、升官，易有高升之喜。也利於找工

作，或發展事業。更利於說服男性，以及在男性社會團體中有競爭力。此運中，你的貴人就是男性。

太陽在午宮形式的意義是：

表示太陽光在正午時分照射，非常亮，會使人睜不開眼睛。你只能接受頭頂陽光的引導，一步一步的向前邁進，而沒有其他的路途可走。你如果執意要走偏，或停滯不前，則會偏離太陽軌道，走入黑暗之中了。人生也沒那麼亮麗了。有『陽梁昌祿』格的人，其人一生中定會綻放光芒，名利雙收。太陽在午宮坐命的人，在出生之時，就是在家中運氣正好，父親升官，或家中有吉慶之事的時候出生的，因此是受父母期待的小孩。此命格之人，小時候，無論男女，皆受父母看重，期待他未來創造功業，振興家楣。因此他一生也受照顧特別多。

太陽在午宮剋應事物：

在人的方面——代表政治人物、老闆、首領，大學校長、大學教授、律師、官吏、司法官、高知識的人、強勢的男性、喜歡指使人、命令人的人，代表最高權力之人，代表高級服務人員、代表高級管理人員或階級之人，代表具有威嚴，又愛管別人的人。

在事的方面——代表政治之事、公家公務之事、教書之事、高級技術之事、建築之事、成就大事業之事、驛馬奔波之事、大事業、大財團之事、學校之事、愛出名、出風頭之事。

在物的方面——代表發電廠、電力用品、發電機、威力大的物品、如火藥、爆裂物等，炮竹、噴火槍、軍事槍砲物品。也代表參考書，考前猜題的講義等能考試高中之物。代表教鞭。

在地方或建築物的方面——代表考場、公家機關所在地、公務員之辦公室、工廠研發場所、學校之訓導處或教務處。代表具有教誨、教育的公家慈善機構、代表高大威嚴的建築。

在建築的方面——外表是令人尊敬、沈穩的紅色建築，也代表是外表高大、面寬的大型高樓。

在疾病的方面——代表高血壓、腦中風、心臟病、糖尿病、腎臟病、偏頭痛，痛風、大腸或小腸的問題，心血管問題，及精神上勞累之問題，易失眠、眼睛不好、肝旺心急。

太陽、祿存在午宮的形式

『太陽、祿存』在午宮的形式，代表孤獨的太陽。太陽是居旺的，祿存居廟，是火土相生的形式，故祿存在此宮位會使太陽的財稍多一點。在孤獨、吝嗇方面也不會太嚴重。因對宮仍是有居廟的天梁相照。己年生的人，具有天梁化科相照，因此在此午宮的『太陽、祿存』之孤高不群的特質，只會在某些特定的事物或環境狀況下出現。大致來說，其桃花人緣還是不錯的。若是丁年生的人，三方有巨門化忌相照，是非問題多，人生的困難度也多，故易懶惰，易無成就。

太陽、祿存在午宮入命時，其人性格保守，對錢財小氣，周圍人也會對其照顧減低，只有一點點，因父母宮是天府、擎羊，表示父母財少或吝嗇，錢不給你花。兄弟宮是武破、陀羅。此命格為『羊陀所夾』，故一生膽小怕事，六親不合，外面的長輩女性反而對他好，自家人反而對他不好，因此會向外發展。

此命格的人，極容易有『陽梁昌祿』格，有此格局者，可任教職，在學校保守環境中可生活愉快，也得財多。若無法形成貴格格局的人，人生成就低，只是一般市井小民之命格了，易和家人糾葛不清、多是非麻煩。

太陽、祿存在午宮入財帛宮時，表示做保守的工作，能得衣食之祿，錢財很穩定，一定會有吃飯的錢，也一定會有工作，雖然你內心起伏不定，但你一定會找一個能賺夠衣食的工作。你也容易賺公家的錢財。

太陽、祿存在午宮入官祿宮時，表示工作上會做保守的、賺錢不算多的工作。工作形態也會是不麻煩、很簡單的工作。有此格局時，大錢不易賺、薪水類的薪資所得是毫無問題的，因此工作固定、穩定，會慢慢發展，速度不快。因為你也不希望太快，以免有閃失，適合政治界、公教人員、公職人員、軍警業的工作。

『太陽、祿存在午宮』入運程中時，代表是保守的心態，只想做好目前所擁有的工作，有一點錢進帳就很滿足了。你會戰戰兢兢的做事不希望搞砸，很小心翼翼的把事情完成。此運適合讀書、考試，適合做研究，會稍為孤獨一些，但未來會有名聲，或有好的結果。

太陽、祿存在午宮的意義：，就是孤獨炙熱如同火球般的太陽在宇宙中獨自散放光熱。但前後、左右還有其他的星球形成磁場發出磁波在干擾它，因此這個太陽有點受困或無力還擊，故而其本身的能量、光熱，也會有減弱現象。『太陽、祿存』代表的是有點受傷、受刑剋，本身能量並不十分充足的太陽。其顏色為會紅的發土黃色，或暗紅咖啡色，有點舊舊的、不美麗的紅顏色。

太陽、擎羊在午宮的形式

太陽、擎羊在午宮的形式是『刑官』的形式。因太陽居旺，是『日麗中天』，但逢到刑剋，擎羊又是陷落的，故易有傷災、火災、燙傷、眼目受傷，或工作能力不好等問題。太陽五行屬火，擎羊五行是火金，是嚴重火剋金，故其人身體常軟趴趴、提不起勁來，精神容易萎靡不振，尤其到中午時分（午時），便四肢無力、不想動了。其人也容易有懦弱的性格，或做決定時有時會頭腦不清、想得多、顧忌多，畏首畏尾的做不成事。亦會一生起伏大，工作斷斷續續、不長久。

太陽、擎羊在午宮的形式是『刑官』形式，此形式在男性來說，是刑剋到事業，而對女性來說，不但是刑剋事業、工作機會，同時也會刑剋到配偶運，可能晚婚、不婚，或婚姻不美。因為當命宮有擎羊時，夫妻宮定有陀羅，夫妻宮又代表其人內心的感情模式及想法，故而婚姻也會不美。

太陽、擎羊在午宮的意義是：

太陽受到刑剋，受到前後左右、外來磁場的影響，使太陽本身產生了變化，或許是太陽的光熱不穩定，有時候沒那麼強，或許是太陽黑子的作用，對地球產生干擾電子磁波。亦可能是別的宇宙和太陽系來壓擠，使原本是恆星的太陽，產生了火焰威力變化時強時弱的狀況。

當一個命宮是『太陽、擎羊在午宮』坐命的人會出生來到這世界上時，通常是家中正有一些衝突和不愉快的時候，而且這些衝突和不愉快一定是和男性有關連的。亦可能是父親的事業受到挫折之

時。因此，當此人出生時，就和家中男性不和，也會不受父親或長輩重視，或故意忽略。還好女性會對他照顧。但其人在未來工作時也常不順，經常是自以為很有才華，但男性上司或同僚是並不以為然的。其人在男性的社會團體中沒有競爭力（是好爭而爭不過）。亦會中年以後怠惰而工作不長久。因此其人會空有志向，但未必能達成。

『太陽、擎羊在午宮的形式』在財帛宮時，其人的遷移宮會有天同、陀羅，故是環境溫和粗鄙，其人會懶惰，不太想做事，或做事慢吞吞，常想推諉，故而在賺錢上就是要辛勞的做事才有錢賺，但他就是不想太辛苦，於是賺不到什麼錢。在花錢、用錢的態度上，其人也是有時大方、慷慨、很耗財，有時小氣、吝嗇，自以為節儉，令人討厭。

※『太陽、擎羊在午宮的形式』，是有時寬宏大量、慷慨、衝動、有如熱烘烘的太陽，說話很大方，有時又吝嗇、小氣、刻薄、說話、做事很尖銳、計較，使人受不了。因此周圍受得了氣的人很少，只有一些窮朋友或能力不強的人才會在你周圍出現。

『太陽、擎羊在午宮的形式』在官祿宮時，是真正『刑官』的格局，一生中會遇到的狀況是：當你一直努力，一直努力的事業正邁向康莊大道時，眼看著就要收獲成果了，但是會因你一時的錯誤的決定，或是桃花事件，或是和男性同事或長官的衝突，而讓事業有不吉的轉變。這種事件最容易發在人生的最高峰處而跌下來，令人扼腕慨嘆。

有此形式在官祿宮時，最容易中轉行、轉業，做個二、三年又轉業，常處於重新開始的局面。事業和工作業績是要累積的。『滾石

不生苔』，因此無法有事業成就。

『太陽、擎羊在午宮』在運程中時，在大運、流年、流月時，都代表事業有古怪現象、不順利，也容易中途停止或轉行。更容易突然離職或被解僱，要小心傷災、火災、火傷、燙傷，要小心電線走火，或天乾物燥而起火、觸電或雷擊。更要小心車禍，或眼睛的病變、中風、肝、腎有問題，或頭部受傷。

在此運中更要小心與男性的鬥爭、爭奪，你會敗下陣來，你也會起先強硬，隨後又懦弱，而不能貫徹實行某些事情。因此此運中，不可投資或開店，找工作也不順利，更不能和人（男人、女人都不行）合夥，以免有錢財損失。

『太陽、擎羊在午宮的形式』，在顏色上代表：是在一片正紅色中有一個點，或一條細線，為像金屬般發亮的白色，劃過或留下物跡，因此顯得突兀，也代表是受傷的紅色，會有黑、白、髒、舊之雜色混淆的顏色。

『太陽、火星』或『太陽、鈴星』在午宮的形式

太陽、火星或太陽、鈴星在午宮的形式，是太陽在『日麗中天』的位置，再加上居廟的火星或鈴星，表示太陽更加倍異常的火熱，像一個火球一樣，而且不斷的、迅速的在運動。這會形成燎原之火，造成周圍片草不生，因此易成火燒之後的土地，生靈塗炭。『太陽、火星』或『太陽、鈴星』都代表古怪的火、或古怪的太陽。燃燒的速度快，發生的狀況古怪，是突發性的，走得也快，故會大火突然出現、燃燒得厲害，吞噬了所有的東西，接著就不見了，走了，留下光亮，光禿禿的一片殘剩之地。『太陽、鈴星』比

『太陽、火星』會更古怪一些，容易悶燒，或延伸到旁邊地帶。

『太陽、火星』、『太陽、鈴星』在午宮入人命宮時

『太陽、火星』在午宮入命宮，其人會膚色或臉孔很紅，也可能有古銅色皮膚，或是較白而白裡透紅的臉色，很好看。其人脾氣急躁、暴躁，停不下來，凡事性急，做事粗糙，無法靜下來。其人會喜歡時髦，流行的東西，以及手機、電腦等高科技產品，也喜歡上網。他會是大膽、什麼都想試一試，但全都是三分鐘熱度，做不久的狀況，每天急急忙忙很忙碌，但不一定真能做成事情。『太陽、火星』也算是『刑官』色彩的形式。表示會因衝動、馬虎，常不小心犯錯，而使工作或事業受傷。也會做事做不長久，常轉行或轉業，無法長期延續下來。

『太陽、鈴星』在午宮入命宮，其人仍是粗壯身型，但會略瘦，臉型有古怪的腮骨。其人也受時髦的物品，及高科技產品，喜歡買和用，有時也會去研究，但會是從古怪的用途和目的去著手，很少會以科技、電腦為事業及行業。

凡是『太陽、火星』或『太陽、鈴星』入『命、財、官』的人，都是事業有起伏，會突然很旺，但不長久，又暴起暴落，或又中途轉行，或換工作的人。是故仍然算是『刑官』色彩的形式。其人周圍也容易突然很熱鬧，人多、人緣好，有錢賺，工作機會多。但過一陣子又沈寂下來，周圍人少了，賺錢機會也少了。因此其人應常尋找熱鬧的場合出現，或讓自己常處在鬧區及鬧市之中，較容易賺錢，也賺錢多。

『太陽、火星』或『太陽、鈴星』在午宮入財帛宮時，也是一

子下熱鬧財多，能進財，有錢賺，一下子不熱鬧，就手邊無財，周圍朋友也少了，也無財可賺，有錢時，高興亦亂花錢，存不了錢。沒錢時，又急著到處找錢。不過太陽仍居旺，火、鈴也居廟，還是常有意外之財，是小財。如果有『陽梁昌祿』格時，也會因一時或突然出名、有名氣而得財，不過時間不長。仍要小心耗財嚴重的問題，以及突然改行、換工作無財可進的煩惱。

『太陽、火星』或『太陽、鈴星』在午宮入官祿宮時，表示工作型態是一段時間、一段時間的狀況，也會是一子忙碌、一下子清閒的工作。忙碌時會工作能力表現好，事業衝得很高。但清閒時，便意志消沈。你也會在工作上速度快，或馬虎，或是突然有怪想法，常想試驗用各種簡單或不同的方法用在工作上，使你的上司和同事有些抱怨，你更容易突然改行或換工作，或一時衝動去投資而

血本無歸。此形式就表示其人在思想上有古怪想法而做了不同的決定，但其結果會對其人的工作歷程和工作時限有略為傷害的狀況。其人會在讀書時代便展現這種古怪的思想了。你會特別聰明，擁有和常人不一樣的思考模式，但這種聰明不一定對你的人生有利。也許聰明太多、太精，反而阻礙了努力奮發及雙手打拚的實幹、實行能力，因此反而會一事無成。

『太陽、火星』或『太陽、鈴星』在午宮入運程時，表示在該運程中會在工作上有古怪聰明。你可能因一時自做聰明會改行或換工作，或做衝動的投資，會有損耗，要小心。你也可能有意外的熱鬧會為你帶來好運。但最重要的，要小心火災、燙傷。尤其是有擎羊同宮或在對宮的時候，要非常小心，可能有火傷的性命之憂的事情會發生的。在此運中不可急躁、衝動，最好少穿紅色、少喝酒，

少與火或發熱物品接近，以防有災。此運中最要小心被雷電擊中，或觸電之事，以及車禍，會有火燒車的問題，此運在身體上要小心有古怪的流行病、皮膚病、腦溢血、中風事件，以及長腦瘤、癌症問題，會發生在大腸或腦部。

『太陽、天空』或『太陽、地劫』在午宮的形式

『太陽、天空』在午宮的形式是正午的太陽，高高的掛在頭頂上，有熱熱的陽光，但沒辦法看清太陽的形狀。有時候，也是被太陽曬昏了，有些悶熱、無風而做不了什麼事。也代表炙烈的火地上，無法生長植物，也無法生養動物出來。

『太陽、地劫』在午宮的形式是正午的太陽，高掛頭頂上，太陽光古怪炙熱，而把一切有生機的動、植物都掠奪、曬乾了，呈現

無生機死寂一片的狀態。

「太陽、天空」在午宮是『官空』的形式，表示工作或事業會呈古怪現象，會成空。『官空』同時也是思想空。因思想清高，對錢財不在乎，對利益不看重，因此在做事或工作時，會做些不實際的工作，或不求成果的工作。因此常會做些沒效益的事，或做白工，這就是『官空』的意思了。

『太陽、地劫』在午宮是『劫官』的形式，表示工作或事業也會呈古怪現象，容易被劫走不實在。『劫官』同時也是因思想奇特，或看法與常人不一樣的新思潮、新觀念，此觀念亦可能太先進，不合現實狀況，或是太古怪、不能被周遭人認同而無法實行，而讓其人的事業做不下去而落空。

『太陽、天空』在午宮入命宮，其人的夫妻宮有天同、地劫。

表示其人是本身頭腦對事業沒什麼概念、用心不多、頭腦空空，其內心也是『劫福』色彩的想法的人。此人會內心想要的並不多，也可能什麼都不想要，只想隨遇而安、也不想工作。人生沒有目標，因此會行為懶散，由周圍的人推一下、動一下，做人、做事都不積極，其人也易不婚或晚婚。沒人催，也不想結婚。其人未來和配偶的互動關係也不好，有時候也莫名其妙的離婚了。

『太陽、地劫』在午宮入命宮，其人的夫妻宮有天同、天空。表示其人內心是無福的心態，而腦子裡是有古怪聰明，一直想和別人不一樣，因此東搞西搞，把好好事都搞掉了。也會突然改行或換工作，或中途中斷不工作。其人也會不婚或晚婚，或是婚姻中途有變化，而內心孤獨。

『太陽、天空』在午宮入財帛宮時，其人的遷移宮會有天同、地劫。表示其人環境中是『劫福』的狀態，而賺錢的方式又是工作無著，不會靠工作來賺錢的方式。因此會靠別人來給錢生活。但是環境又不好，故而會窮困沒錢。

『太陽、地劫』在午宮入財帛宮時，其人的遷移宮有天同、天空。表示其人的環境中是『福空』狀態，而賺錢方式又是『劫官』形態，常工作不穩定，賺不到錢，很操勞無福、辛苦，但沒有賺錢的頭腦，有時想靠人生活而靠不到，常會窮困無錢。

『太陽、天空』在午宮入官祿宮時，其人的福德宮為天同、地劫。官祿宮代表頭腦和智慧，『太陽、天空』是『官空』，表示頭腦空空和智慧不實際，聰明無用。福德宮為『劫福』形式，因此其人會頭腦空空，做事不實際，也不長久，凡事無所謂。會一段時間工作，一段時間遊手好閒。

『太陽、地劫』在午宮入官祿宮時，其人的福德宮是天同、天空。表示其人有古怪聰明，但會使工作和事業走偏，做事仍會不實際，也會不長久。因此會中途改行或換工作，更會做做停停，事業難有成就。

當運程時是『太陽、天空』在午宮的形式時，表示該運程是用腦不多，心寬體胖，性格寬宏，凡事無所謂，故從有事情可煩心，但也事業進展不大，不用心也不會有太多收獲，你也不計較的運程。此運一般來說，大致還好，沒有讓你深切的痛苦，但錢財不多，人緣也不算好，沒有桃花緣份，除非有其他的刑星同宮，否則也不會有太多災害，但仍要小心不能投資、生意、錢財有損耗，會勞碌無所得，東忙西忙而無結果，夏天逢此運時要小心天熱太陽大，而賺不到錢或生病。

當運程時是『太陽、地劫』在午宮的形式時，表示該運程太聰明了，是聰明過火，而造成與周圍環境格格不入的狀況。因此易轉行或失業，這容易是自己不想幹的，而不是被辭退的。你會用太多思想和心機在一些不實際、理想太高的事情上面，同時這也容易引起是非、災禍。人走此運時，會機會還不錯，但你自己會自鳴得意，或姿態變高，或自抬身價而無法守住本業，最後時間就錯過了，使你會心生悔意，又後悔莫及。此運錢財會少，或有耗損，人緣會不佳，好機會會錯過，更不利考試，升官及揚名。

『太陽、左輔』或『太陽、右弼』在午宮的形式

『太陽、左輔』或『太陽、右弼』在午宮的形式是『輔官』形式。太陽在午宮居旺，左輔、右弼五行屬土，在午宮火土相生，是

故左輔和右弼是會幫助太陽更旺。其光與熱以加倍的形態來呈現的。也就是有兩個太陽、兩倍太陽光與兩倍熱的意思。『太陽、左輔』是表面上有兩個太陽或兩倍太陽的光與熱是陽剛性很純烈的太陽光。而『太陽、右弼』是表面上加倍光亮與加倍的熱，但會有些保守、內斂，屬於較陰性又很強烈的陽光。而且太陽只有一個，或只照射在一小塊地方範圍之上。

『太陽、左輔』或『太陽、右弼』在午宮的形式若以顏色上來代表則是很厚、不透明、加重、加厚的正紅色。**『太陽、左輔』在午宮會是稍為厚重的、純正的正紅色。而『太陽、右弼』在午宮是略發暗的正紅色。**

『太陽、左輔』在午宮的形式入命宮時，其人會性格會較陽剛一點，會更加寬宏、脾氣好，天生有平輩貴人，好朋友相助，他本

人也喜歡接受別人幫助，而不會推拒。此命格的人從小有人緣，也容易是別人帶大的人，因此他會和周圍的人融洽相處，適應力很強。其人的福德宮有另一個右弼和機陰同宮，表示其人天生易做公務員，賺薪水。他本命就是要靠別人來帶財給他的。因此他會和別人相處隨和。

『太陽、左輔』是『輔官』形式，故其人在工作或事業上也易有人幫忙，會有人介紹工作給你，也容易升官，更容易有男性幫忙你，不論老的、小的，都會對你特別有緣、相見觀。倘若你能更努力一點，就能創造大事業或大名聲。倘若努力不夠的人，或天性慵懶的人，容易靠別人有工作機會來吃飯生存。

『太陽、右弼』在午宮的形式入命宮時，其人表面仍寬宏但性格較保守，有點小家子氣，有點內向，也略有女性化、陰性的傾向。其人會固執，對於自己喜歡的人很會照顧，也喜歡受人照顧，有小女兒心態，會撒嬌，會霸道頑固也會黏人。但對自己不喜歡的人會剛直不愛理睬。有只照顧自己人的特徵。此命格的人，也會有人緣，但會是特殊團體或場合的人緣，有時候在其他地方就不靈了。『太陽、右弼』在午宮入命的人，其福德宮有另一個左輔和機陰同宮，也表示從小易由別人帶大，而且容易做公教人員，工作也易是別人介紹的。在工作上會有脾氣寬宏、不計較的男性和性格保守的女性來幫助你，使你工作順利、前途似錦。但你會較懶惰，中年以後會怠惰、愛享福。

『太陽、左輔』在午宮入財帛宮時，表示有貴人會幫忙生財，財運很好，你也會有特殊的專業知識技能來幫忙你賺錢。因此你會在公職或薪水階層中具有高薪。不會為錢煩惱。一生想要賺，就會有貴人出現幫你賺，得財容易。所以你在花錢用錢上也會大手大腳很慷慨。

『太陽、右弼』在午宮入財帛宮時，表示有保守的貴人幫忙你生財，或看守、管理財務。因此你的錢財是在一種保守的、小心翼翼的狀況下得到，也會有人介紹工作給你，但你必須小心翼翼的工作賺錢才會平順。你一生也大致不必為錢煩惱，只要小心守著工作，就會有還算不錯的收入了。你的花錢消費型態也會是一會兒大方、一會兒保守的型態，更會是對自己大方，對別人小氣的型態。

『太陽、左輔』在午宮入官祿宮時，表示事業上是『輔官』形式。所以你工作上能得到男性的幫助。你也會特別聰明，具有極高的智慧，更具有ＥＱ。你會在男性社會團體中具有領導力、化競爭為相互幫助扶持的力量，因此此形式在官祿宮是最好的位置。你在

工作上易有人介紹或引介，能一步步高陞，最適合做公務員或協調工作，能有高官厚祿，有名聲，能有高的功業。

『太陽、右弼』在午宮入官祿宮時，表示在事業上也是『輔官』形式。你會在工作上得到保守的助力，或陰柔幫助的力量。也會有人介紹工作給你，但工作型態會保守，發展較小，或無發展。你會在男性社會團體中競爭過程中靠邊站。你也會以保住你的工作為緊要目標。你適合做低層的公務員或薪水族。到了某一個層次就很難再升官升得上去了。

『太陽、左輔』在午宮入運程中時，無論在大運或流年、流月中時，都代表會有男性平輩貴人適時對你伸出援手。在該運中也會有特殊機會或運氣幫助你更上層樓。因此運氣大好。在你的環境中工作是你的主力，你會很加倍勞碌，忙得很開心，男人都成為你的助力，你會事業好，賺錢多，但也會大手大腳的花錢。此運一切都很圓滿好運，但唯獨會對考試不利，易重考，對讀書不利，易重修。在升官的過程中，如果有考試，就未必佳、易重來，如果不必經過考試，則會直接升官。此運亦要小心桃花多、是非多，易有家庭糾紛、離婚及再婚的問題。

『太陽、右弼』在午宮入運程中時，在大運、流年、流月中都代表只有保守的、略帶小氣性格的男性會對你有幫助。而且這種幫助也是小小的、不太大的。在此運中，工作上會有小小的進展，你也不太會向外發展，你會堅守本業，也不會投資，你會以自己周遭熟悉的環境為範圍來活動。大致上運氣還不錯。此運不適合考試、讀書，會重考，也要小心桃花問題，有離婚、再婚，或婚外情現象。財運也是在一種保守的狀況下慢慢得財，會花錢在自己身上，對別人吝嗇一點。

太陽化權在午宮的形式

太陽化權在午宮的形式，是辛年生的人所有的形式，其三合宮位中有巨門化祿、擎羊。

太陽化權在午宮是太陽太強烈、炙熱、霸道了。旺度逾度，因此會有刑剋、不吉。倘若入人命宮，其人身體會有問題，有病或不能生育。其人性格會剛愎自用、頑固、狐獨、脾氣暴躁、緊張。在工作上競爭激烈、辛苦、困難也多，賺錢不易。本身是主貴的格局，但容易中年怠惰，不一定能打拚奮鬥成功。也容易改行或換工作，人生稍遇困難，受打擊就很大，也容易一蹶不振。

『太陽化權』在午宮入財帛宮時，代表能在事業上掌權賺錢，能靠事業賺很多錢。這同時也表示你選對了適合你的事業，能創造大財富。另一方面也表示你在錢財上很強勢、愛管錢、掌財權，會運用大智慧來賺大錢，更會靠在公職中或做薪水族中具高地位來賺到高薪。你也易做教職具有高薪。

『太陽化權』在午宮入官祿宮時，表示在事業上有大發展，對男性有主控力，會有高成就，能掌權、有地位，事業會龐大，或具有高官形式。此形式適合做公職、官員，或任公教職，或在政治界中掌權，或做大企業之首腦人物。太陽是官星，在午宮居旺，是『日麗中天』，再加化權，是雙倍『日麗中天』的力量，自然前途是未可限量的。但其人在錢財上並不見得有大財了。是主貴不主富的格局。

『太陽化權』在午宮入運程中時，表示該運會對男性有主控力

及說服力。在與男性的競爭時，你會有把握致勝。你也會在此運事業能向上發展，具有名聲和地位。你更能在此運中掌握錢財，能得到你所想要的東西。在此運中，男性會尊敬你，但此運桃花不強，異性緣不強，除非你本身是男性，會對太陰的女性有特殊強烈的吸引力之外，否則桃花是很少的。此運利於升官、考試、讀書。此運很操勞，是勞碌運。

太陽化祿在午宮的形式

太陽化祿在午宮的形式，是庚年生的人所有的形式。此形式表示太陽雖很旺，但照耀在大地上很舒服，太適合大地需要了。此形式是吉格、貴格。此形式入命宮時，其人會與男性圓滑、友好、有人緣、有桃花，其性格是圓滑開朗的人。也表示是命理帶財，會靠工作得財的人。其人會有專業能力，也會靠桃花手腕來得財賺錢。唯一的問題是桃花太多，會不務正業，也缺少發奮力量，容易油嘴滑舌、不實際。

『太陽化祿』在午宮入命宮時，其人一生桃花多，會受桃花之累，多緋聞或好情色，反而事業無大成就。因其人田宅宮是『紫貪、擎羊』，家庭多紛爭與不名譽之事，也易無子。若能形成『陽梁昌祿』格的人，尚能在學校或學術團體中展露頭角，若無貴格的人，只是一油滑的平常百姓之命格。

『太陽化祿』在午宮入財帛宮時，其人手中錢財順利，會做公職或薪水族而有高薪。也能步步高升有好的前途，更會有長輩給的錢財花用。也適合做和男性有關的生意來賺錢。適合做陽剛性的生意，例如建築類、鋼鐵類之生意可賺大錢。不過在用錢方面會很圓滑的用錢，你會有時大手大腳，對自已大方。有時候會圓滑的對別人小氣。你一生不為錢愁，生活快樂，花都花大錢，只要用嘴講一下就有錢。

如果能形成『陽梁昌祿』格的人，其人一生會賺高貴、文質的錢，會賺與學術有關的錢財。

『太陽化祿』在午宮入官祿宮時，其人一生事業順利。得財不少。易做公教職、軍警職、官吏，可高官厚祿。如果有『陽梁昌祿』格的人，可做學術工作，能具有名聲、地位，亦能做大企業，大集團、公司的老闆，會和專業科技有的工作，在事業上能發揚光大而得大財。事業會蒸蒸日上，工作型態是和男性或陽剛性有關的工作。在工作上你能輕易的說服男性，具有在男性社會團體中無往不利的競爭力和主控權。

『太陽化祿』在午宮入運程中時，無論在大運中或流年、流月中，你都會十分忙碌。你會忙著和男性朋友或工作上之夥伴部屬開會、洽談。你對工作十分有興趣，也對和男性的聯絡、接觸十分有興趣和積極。你極欲在此運程中有所表現或有所成就，希望能抓住成功。在此運中，你人緣特好，男性會自動靠過來對你幫忙，也會有年紀大的人（包括年紀大的男女），也會照顧你、支持你。此運要小心不要高興沖昏了頭，也不要落入桃花陷井之中，否則在工作上會一事無成，也會耗財、失財，使自已落入不吉的無用之地。此運可找工作、讀書、參加考試，命中率高，升官也能如願。

當一個命格是『太陽化祿在午宮』的人要出生之時，就是此人的父親工作事業正旺之時，在工作上進財不少，家人很開懷、溫暖。此人也是受期待的小孩，因此會受到很多、很多的照顧。其人家中會因父親在外工作，而家中多年長的女性，把他帶大，因此他一生和長輩、比他年紀大的男性、女性緣深，也會和父親、祖父或男性親朋好友感情好，能舒解大家的感情，也能遊說所有的人。因一生機會多，找工作容易，反而未必想要做大事業了。

『太陽化祿在午宮』所代表的顏色是有變化、會流動的正紅色。也代表能適應人眼睛，使眼睛舒適的明度及彩度的正紅色。實際上就是略帶點土色的討喜正紅色。

太陽化忌在午宮的形式

太陽化忌在午宮的形式，表示是日正當中的正是一個古怪的太陽。亦表是有日蝕、日偏蝕現象的太陽。這是甲年生的人所有的形式。此形式亦是『刑官』色彩的形式。**在人的方面**，代表臉上多痣或臉色發青、不清楚或不整齊。在人緣上會和男人不和，有過節、衝突。**在事方面**，代表工作會中途不順，會中途改行、換工作，做不長久，因是刑官色彩，故和公家機關無緣、不利，也易遭官非、有麻煩。會在男性社會團體中無競爭力、受排斥。也會遭受男性的撻伐、欺侮。一生工作有始無終。其人身體也會有傷、頭部有病，或眼目有疾。此形式無論在命、財、官、夫、遷、福等宮出現，都會頭腦不清。只要命盤上有此形式，其人一生無大用，不會有大成就。因為命格先天上就已『刑官』了。故而在其人八中也會看得出來，其人只會過平常人小老百姓起起伏伏的生活而已了。

此形式在運程中時，會事業受阻，或突然很聰明，要改行轉業，而陷自己於失敗之中，而無工作。此運也會煩悶、衝動，和家中男性多衝突、不和。此運更容易生病，或眼睛突然有病，要小心高血壓、中風、腦部疾病、心臟病突發。更要防範官非，打官司或坐牢等問題。

太陽在戌宮的形式

太陽在戌宮的形式，太陽是居陷的，表示太陽在地平線之下，故地平線上之人是看不到太陽的。此形式也是『日月反背』的形式。表示太陽和有亮的光都是無光的，太陽和月亮的位置都在相反的，不是旺位的位置上的意思。

太陽在戌宮的形式，此形式本身就是『刑官』的形式。因此在『命、財、官、遷、夫、福』等宮出現此形式時，都表示其人會中年心灰意懶，難有成就。事實上有此形式在命盤中時，無論在

『父、子、僕』或『兄、疾、田』等宮，只要出現在命盤上，就是在事業上已無大打拚力量。在其人先天對事業的意志力上已大打折扣了。其人也會內心不開朗、常鬱悶、常四肢無力、懶洋洋，做不了什麼事，但又操勞、勞碌、會東忙一下、西忙一下，或在外奔波不停，沒辦法停下來，實際上工作沒做多少，或賺錢沒賺多少，容易窮困，或工作起伏大，做做停停，也會沒有事業，只有糊口的工作而已，但工作時間也不長。

太陽在戌宮形式是，就是事業黯淡，前途昏茫不穩定，和男性緣份淺，在男性社會團體中無競爭力，喜躲在人背後，無法站到檯前來，性格內向、內斂，容易做檯面下的事，或做幕僚、助理、軍師、幕後操盤的人、隱形人或藏鏡人之類工作的人。

此形式入命宮時，其人會方面大耳、長相還不錯，但態度畏縮、性格內向、內斂，凡事不敢表現，說話也會小聲。其遷移宮就是太陰陷落，表示周圍環境較窮，但會有異性緣，可是感情也不深、不長久。其人一生有懦弱的象徵，在工作上沒大發展，容易依靠別人而有糊口之工作。倘若能平心靜氣、用心生活，也能過平實的幸福日子。此命格就是要韜光養晦，好好養生的命格。是不適宜參加戰爭，或想在工作拚鬥，都是會讓自己受到傷剋而自己遭災的。此人一生宜重視家庭，會有幸福可尋。

此形式入財帛宮時，其人在錢財上，財運不太好，如太陽暗淡無光，可能常賺不到錢，或工作無著，常做做停停，或薪水太少不夠用。你容易常為金錢煩惱。你適合做公務員或薪水族，雖薪水不多，但固定有錢，對你較好。也不適合常換工作，更不適合投資、買股票或做生意，否則會負債，更頭痛。

此形式入官祿宮時，你的事業如太陽在地平線之下，因此很悶，做不太好，也會一段時間、一段時間在做。你更會做幕後或檯面下的工作，出不了頭。你也易做白工，或被別人搶去功勞、冒名頂功。因此你容易生悶氣。不過你適合做軍師的工作，暗中企劃的工作。你不適合做老闆，因為你沒辦法管人，沒有領導力。你適合在夜晚時，和男性朋友聊天、喝酒來博感情。做軍警職或企劃文書工作對你較適合。

此形式入運程中時，表示你的運氣進入黑暗期，你在工作上會沒發展，因此要小心謹慎工作，以防失業。也要小心有男性小人暗害，要能吃虧、禮讓、不適合強爭，否則什麼也爭不到。此運中你在男性社會團體中沒有競爭力，會爭輸，故不宜競爭，宜韜光養晦、練龜息大法。少和人爭執，工作上以保持現狀為佳。此運中也易離婚或感情不順，桃花少，故也要保養感情，以防生變。此運會較窮，宜早做準備儲蓄，也宜自己找尋快樂，使心情開朗寬宏，才能安然度此運。

當『太陽在戌』坐命者誕生之時，表示家庭中家業正走下坡、家運也往下走。父親的工作也許正遇危機，或不保，家中會窮、運氣不好，因此其人家中會表面還維持，但有敗跡。未來其人的家庭還是易破碎不完整。或是其人根本是非婚生子女，或是貧窮人家之人。故出生時根本不受重視，更有可能會像踢皮球一般被踢來踢去，最後在祖父母或別人家中長大，和父母無緣。

『太陽在戌』所代表的顏色是暗紅色，或是帶黑、不清楚的紅色。

十干化忌

『太陽、擎羊』在戌宮的形式

『太陽、擎羊』在戌宮的形式是『雙重刑官』色彩的形式。太陽是居陷的，擎羊是居廟的，這是辛年所生之人會遇到的，而且會是有『太陽化權、擎羊』同宮的形式。此形式特別好爭、好鬥，但時輸時贏。倘若用檯面下、暗中爭鬥，可能有機會掌權會贏、明爭則會輸。**此形式入命時**，其人會有矛盾性格，喜歡掌權，但又陰險，對人不信任，疑神疑鬼終將失敗於自己的矛盾性格。此人有頑固的想法和觀念，凡事愛爭愛搶，但在男性社會團體中未必有領導力，也未必受歡迎。桃花也受刑剋。其人一生多煩惱，常做笨事，也會該做的不做，不該做的事做一堆。更會該管的不管，不該管的管很多，會有頭腦不清的狀況。其人會身體不好，有傷災、車禍發生，中年以後便怠惰，沒有發展。

「太陽化權、擎羊在戌宮」的形式入財帛宮時，在錢財上你也是該管的不管，該做的不做，又喜歡管錢，但又不一定管得到錢。本身理財能力不好，進財不易，但耗財多，手邊常有漏洞，存不住錢，也會工作不順而突然沒薪水可用了，或愈管事情愈糟而無財。

「太陽化權、擎羊在戌宮」的形式入官祿宮時，你會在工作上好管、好競爭，但管不長久。會突然無工作，或事業突然遭災中斷。你也易有陰褻多計謀的想法奪權，但並不一定奪的成，也可能功虧一潰而敗下陣來，一敗塗地。此形式適合做軍警業或律師、法官、刀筆訟師，做文職會做小職員，亦會一事無成。

「太陽化權、擎羊在戌宮」在運程中時，代表競爭激烈，有衝動心想法拼一拼，也會固執不聽勸、執意要競爭，但不一定會贏、輸的比例大。如運用暗中的手段，暗中操作及晚上去運作，稍有贏面。公然爭鬥，你會輸。此運要小心傷災，血光會嚴重，會加倍。也要小心高血壓、中風、心臟病爆發，更要小心火災、燙傷會喪命。時間大約在晚七時至九時之間的時候。

『太陽、陀羅』在戌宮的形式

『太陽、陀羅』在戌宮的形式，是壬年所生之人會遇到的形式。太陽居陷、陀羅居廟。表示太陽故意躲入地平線之下，拖拖拉拉，很慢在動，大地一片混沌的跡象，萬物也無法生長，什麼事也沒法做。這也是雙重『刑官』色彩。

如果入命宮時，這更表示，其人性格不開朗、很悶、又笨，做事不會做，頭腦笨、學習能力差，智商不高，凡事會拖拖拉拉、不乾脆。會在工作或事業上做粗重的粗活來糊口。有此命格時，其人

一生命不好，天生笨又不承認自己笨，還會故做聰明，因此受害更深。其人一生都窮困中度過，不過會有好配偶，攜手同行，做一對苦命鴛鴦。

入財帛宮時，會錢財不順，賺錢智慧不足，易耗財，不會理財，手邊常沒錢，進財會拖拖拉拉，常拿不到錢。一拿到錢又很快的花掉了。並且易無工作，或常常失業而沒錢。如果是女子，容易有配偶不給錢，或拖拖拉拉拿不到錢的狀況。如果是上班族、薪水族，則易有薪水會拖拖拉拉的現象，也容易薪水掉了，或打折扣，拿不到全額工資。

入官祿宮時，會工作不順，常失業，或沒有工作，為遊手好閒之人。也會頭腦不聰明、智慧低落，因為你的遷移宮是天機、擎羊，表示你周圍環境中多奸詐小人，因此你會疑神疑鬼，會跟不上別人的腳步，也會在男性社會中沒有競爭力，凡事慢半拍，因此無事業，也會工作時期不長久。

入運程中時，表示此運是衰運，是又笨、又慢、又悶、是非又多，是人生的黑暗期。你會連著三個運氣都不佳，所以要小心失業，無工作機會。此運要多忍耐，以防糊口都很困難。此運要小心眼目會盲眼，也要小心身體上有問題，腦中風，或腦病、心臟病都要小心。生病時會拖很久的不了。

※凡『太陽、陀羅』在戌宮的形式在命、財、官、遷、夫、福等宮出現，都代表頭腦笨、不聰明、智慧愚鈍，與常人格格不入。尤其與男性更不合、相剋。

『太陽、火星』、『太陽、鈴星』在戌宮的形式

『太陽、火星』、『太陽、鈴星』在戌宮的形式，都是『刑官』的形式。太陽在戌宮居陷，火、鈴在戌宮居廟，因此是一種『悶熱』或在內裡燃燒，或是在黑暗中燃燒的狀況。這也代表黑暗的原野中古怪的燎原之火。在顏色方面，代表底色是黑紅色，但有一團、一團、古怪的、鮮艷的大紅色。火星的紅色明度、彩度較高。鈴星的紅色，其明度和彩度略低。

『太陽、火星』在戌宮的形式入命宮時，其人是平常悶悶的、不太講話，但性格衝動暴躁、不耐靜、好動，好奔走，靜下不來，做事三分熱度，好時髦，新鮮事物，以及科技性產品，凡事無長性，因此工作做不長久，常換工作，或根本不做事。其人頭腦有特殊聰明，但內心不實在，雖偶有小偏財，但一生仍窮，人生多起伏不順。

『太陽、鈴星』在戌宮的形式，其人頭腦比前者更聰明，對科技性產品和事物更愛好和精通，但也坐不住、好動、衝動之人，做事不耐久，但和前者稍不一樣的是：其人較喜攻心計，略帶險惡，遇事喜報復，如欲報復就會靜下心來專心對抗，而且報復時會運用科技產品或手法來報復。其人亦會工作不長久、常換工作。有小偏財，但一生不富裕，起伏不順。

『太陽、火星』、『太陽、鈴星』的形式入財帛宮時，是原本不順暢，不多的錢財，更消耗的快或跑走的快。偶而也會有一些小偏財，但偏財太小，是杯水車薪，無法顧全糊口之大局。你更會一下子有工作、有錢進，一會兒又沒工作、又沒錢進了，有一搭沒一搭的。

此形式在官祿宮時，是工作上不算順暢，也會偶而有工作，熱鬧一下，但經常沒工作。你的工作也無前途可言，只是臨時性的工作。高興時做做，不高興時則休息，但你會到處奔波，好像很忙的樣子，你也會說話不實在，沒能力做事，但又誇大自己的能幹，因此會一直換工作，在同一地方得不久。其人會做事馬虎、草率、聰明而不實際，對錢財沒有計算能力，理財能力不佳，常耗財。其人有奇怪的邏輯理念。

當此形在運程中時，要小心傷災、車禍、火災（會悶燒），或燙傷（會內裡持續發炎、腐爛、慢好）。此運是衰運，又有突然而來的災禍、不吉。工作機會也會突然出現，又突然結束，因此要小心應對才行。此運中你會心情悶悶的，但內心很焦灼、煩悶、很想做些事、拼一下，但又不知做些什麼事，或不知如何著手？你會很衝動的、衝出去到處奔走亂竄，跑了一下又回到家來，而一事無成。此運始終無法靜下心來，倒不如多運動、練身體，等此運過去，或減弱影響時，再做其他的事情。

『太陽、天空』、『太陽、地劫』在戌宮的形式

『太陽、天空』、『太陽、地劫』在戌宮的形式，是原本已低落看不見的事業或工作，更逢空、遭劫。這是更低層次的『官空』及『劫官』形式。因此講起來應該是根本不會工作，或沒有工作機會了。但事實上仍會偶而做一下臨時工作，只是頭腦笨、不實際，又有怪想法，會投機取巧，而對自己完全無利，其人一生只在人世間沈浮而已，**如入命宮**，易入宗教中棲身。或靠人過日子，其人福德宮有另一個地劫或天空和天機同宮，有出世的聰明，異於常人，但

也易無福、無財、多劫難。

此形式入財帛宮時，表示錢財容易成空，其人財運不佳，又理財能力更差、天生內心不會計算，也認為錢財不重要，因此一生較窮，會安貧樂道，窮日子好過，有錢的日子難過，一生也不富裕了。

此形式入官祿宮時，表示頭腦空空，但有怪異的聰明。在做事上沒什麼特殊智慧把事情或事業做好，但歪七扭八的思想很多，會搞一些事出來遮掩自己的笨態。其人的遷移宮中有另一顆地劫或天空和天機同宮，就表示環境中也是一種不實際，根本也跟聰明無關的一些小手段或不斷變化運用的環境。因此其人常無工作，也沒錢，有時做一下，有時又不動。沒錢才動一下，但多半靠家人或父母吃飯。

此形式入運程中時，表示運氣很低、吉運無，衰運當道，而且所有的好事都隱藏起來了。凡事易成空，此運中也會自己自做聰明而使工作成空。此運財窮、易失業、易遭災，要小心火災、燙傷，會使生命成空。也要小心車禍，也會生命成空。此運不利升官、考試、讀書、開業、投資、諸事不吉。

太陽化權在戌宮的形式

『太陽化權』在戌宮的形式，是太陽居陷帶化權，故化權也居陷，此是辛年生的人會有的形式，**因此是『太陽化權、擎羊』同在戌宮的形式**。此形式表示在沒有太陽光的亮度之下仍要掌權主控，因此是一種檯面下的掌控、掌權和競爭。此種掌權自然不如檯面的好，形式較弱。但仍會有某部份好爭的力量。此形式也代表太陽下

山後七時至九時之間的工作力量。這種工作力量也會較弱不長久，因屬打工形態，故賺錢也會較少，而且會辛苦。

此形式亦代表一種隱形的、不明顯顯露的強制力量。是一種見不得光的、在檯面下運作的力量。因此會有『見光死』的問題。倘若此形式在人命格中或是運程中時，應做幕僚、助理會掌權管事，無法在檯面上有名氣，也會工作不長久。**運程逢至時**，可利用晚間的時間來說服別人，和主控事情的發展，但不能太急或太凶。此形式亦代表你對悶悶的、話不多的男人有主控權，也喜歡和他們爭。亦代表對偷偷的、或不讓別人知道的事情有主控權、爭奪權。但不一定爭得到。因此容易收賄賂、送禮，做一些檯面下不法之事。也會做一些不名譽、不想讓別人知道之事。因此此種形式在命格中或運程中，是吉少凶多，會為後日留下一些問題或災禍的伏筆的。也容易自己遭災，有生命危險的。

太陽化祿在戌宮的形式

『太陽化祿』在戌宮的形式，也是居陷，帶『刑官』的形式。『刑官』也會『刑財』。故財也會不多，只是虛有其表而已。**此形式如果在人命宮**，其人易性格悶悶的，但圓滑、有人緣，和男性友好，也和女性有桃花。其人也會長相可愛，不用說話便有異性緣。也容易說服男性。其人命格雖不強勢，但容易透過和別人的人際關係之中，使別人不討厭他，容易接納他。他會口才好、靠口才吃飯。從工作中賺一些財祿，但不多，人生的機會多，要做才有錢。中年怠惰後會窮困。一生也不算富裕。

此形式入財帛宮時，財也不會太多，因為是『日月反背』的格局，財的源頭就不好了，工作也易不穩定，或發展性不大，只能糊口而已。

此形式入官祿宮時，在工作上能得衣食糊口之財，但工作前景未必好。工作中多男性，他們會帶財給你。你的工作發展性不大，但能工作順利，能賺一點錢、可糊口，也可生活順利而已。你要做上班族或公務員才會對你好。

此形式入運程中時，表示工作狀況在升遷上沒有大發展，但會有一些小財利。此運中悶悶的、話不多的男性對你有利，你也能說服這種悶悶的、說話不多的男性借錢給你，或幫助你。你在此運中也會具有一些隱祕性的娛樂和快樂、不想讓人知道。或想做一些不為人知的娛樂享受找其他同好來共同享受一下。

太陽化忌在戌宮的形式

『太陽化忌』在戌宮的形式，是雙重『刑官』及『刑剋』的形式。因太陽陷落又帶化忌，因此十分陰惡凶狠。**如果入命宮時**，其人會頭腦不清，也會眼目不好至全瞎，更會腎臟不好，或短命、一生不順、窮困、也多災，多是非、官非，無工作能力。而且與家中男性不合，刑剋男性更凶，也易無父、無兄弟，家中無男子，皆是女子，或家人中人丁少。此命格之人，亦可能家中尚有家業可撐持過日子。

此形式入財帛宮時，錢財不順、多是非，不會理財，會窮困，而且一層一層的搞出更大的是非出來，而自己於更慘的境界。也易因錢財坐牢。

此形式入官祿宮時，工作不長久，頭腦不清，且會在工作上惹是非，形成打官司，官非、挨告，易入獄坐牢、打官司。不工作反而較好。

此形式在運程中時，萬事不吉，易有官非、災禍，也與男性有衝突，易遭陷害、背叛，或家中易有男性親屬喪亡。還會身體不好、有傷災、眼睛有疾、易中風、腦子有病、心臟病突發，大腸有問題。此運事業受損、易失業、難找工作，處處惹人討厭，運氣特衰，過了此運或此段時間就會好了。

太陽在亥宮的形式

太陽在亥宮的形式，是太陽在海平面之下的形式。同時也是太陽在十點鐘時的形式。此形式太陽是黑暗無光的，而且是特別黑暗的時期。也是在十二個宮位中最黑暗的時期。因此在此宮的太陽不論是入人命盤上的那一宮位皆是形式最差的、關係最差、條件最差的、最黑暗的狀況了。同時也會一生無法改善，常在一個陰暗的角落，陰冷潮濕，無法有希望改善，或重見陽光。因此太陽在此位會邪惡叢生，也會無法做正事而無用，更會無能力或無奮發力，會讓其人常軟趴趴、四肢無力，根本不想動，腦子也不好，想等別人來救他，但自己也不起身動一下。我們看『太陽在亥宮入命宮』的人，其遷移宮是巨門居旺，表示境中多是非，他本身就是在是非或爭議中出生的人（是不該生而生的人，常是來的不是時候，多非婚生子女，或家族沒落有災之時所生之人）。其人的財帛宮是天梁居旺，表示有長輩給錢過生活，此人常由祖父母或外公、外婆帶大，又溺愛，讓他沒有賺錢養活自己的能力。其人常還是家中還略有生活之資的人（祖父母有錢），不工作也不會餓死，所以不必工作。其人的官祿宮是太陰陷落的，表示工作上根本賺不到什麼錢。因其能力差之故。如果家中長輩給的錢多過工作上所賺的錢，其人就根本不工作了。此命格之人，除非有『陽梁昌祿』格，多讀書，韜光養晦，可為一寒儒好學、學問大的人，亦可在學校中教書。無貴格的人，易為市井小民，一生無用。

此形式入財帛宮時，表示本命窮，故手邊常窮困、進財看工作機會，有工作就有錢進，且是少少的錢財，無工作則無財進。你會做事斷斷續續，且無發展，只是賺一點小錢糊口而已。你也不太會理財、花錢大方，入不敷出。

此形式入官祿宮時，表示一生事業無法有大發展，也無法有名聲或展露頭角。你會喜歡默默的工作，或躲在人背後，做幕後或幕僚工作，因此你也不在乎功勞被別人搶去。你有時也會計較一下，那是希望別人知恩圖報的意思。不過你始終爭不過別人，始終會敗下陣來。中年以後你便會心灰意懶，漸漸不想工作了。

此形式入運程中時，表示運氣至谷底了，尤其工作運最差。和男性也有隔閡和看不順眼的地方。你會心情很悶、放不開，也易躲在黑暗角，不想與人交際。此運易失去工作，耗財多，進不了財，凡事不順，宜在家修身養性來度過此運。

※太陽在亥宮的形式代表的顏色是黑色略偏紅色，或幾乎已接近黑暗的暗紅色。

太陽、陀羅在亥宮的形式

『太陽、陀羅』在亥宮的形式，是『刑官』已刑到不行的形

式。太陽和陀羅居陷位，表示是在黑暗中的一塊石頭，什麼用處都沒有了。同時也表示太陽墜地，一片黑暗，大地是寸草不生的陰寒之地。**故此形式入命宮時**，代表其人正常的、正當的智慧是沒有的，但邪佞的、偷雞摸狗，會做粗重的工作，或與宵小有關的工作，也會做與墓地、或髒亂有關、粗重的工作，常自做聰明、陰險、害人害已，也常不工作，靠人吃飯，但一生多遭災。其人身體有明顯傷殘，有羅鍋或駝背，也會有脊椎骨及手足的問題。為人閃爍、眼眸不定，也易躲在人背後，容易變為『鐘樓怪人』的人。

此形式入財帛宮時，表示錢財不順，常無財進，因你內心笨，做方法不好，故賺不到錢。但你會有長輩或年紀比你大的人介紹工作給你，也會有年紀比你大的配偶可能會養活你，故你亦能有衣食而不必工作。

此形式入官祿宮時，其人腦子笨，工作常無著，只能做粗重、不體面的工作，且做做停停、不長久。可做臨時打拚工作，做軍警業亦佳。

此形式入運程中時，表示運氣低落、又笨、又悶、又衰，而且會拖得很久，讓人透不過氣來。其實運氣是由時間來計算長久的，年份、月份、日子大家都過相同的時間長短，但走此運的人，都會感覺衰運老是不去，過得特別久又累，這是其本人的感覺而已。此運小心失業、窮困，也不能投資或買東西，以防上當受騙和買到假貨或品質破爛的東西。

太陽、祿存在亥宮的形式

『太陽、祿存』在亥宮的形式，表面上看有祿存財星，有財，

但實際上是只有衣食之祿的財，也就是說：只有生存可活命的財。實際上仍是『刑官』色彩的形式。因太陽被前羊後陀所夾（被羊陀所夾），故是前有狼、後有虎的狀況，自然就是『刑官』形式了。

此形式若入命宮時，幼年困苦，和家人無緣，易做人養子，或被棄養，再被人領養，仍是和養父母不和、無緣。此人一生和長輩無緣，尤其和家中長輩無緣，但在外面和陌生人相遇還好，外面的長輩及年紀大的女性較會照顧他。未來若和年紀比他年長之人結婚也會幸福。此人是一生缺少幸福之人，但還必須八字稍好一點，才能有智慧，能找到幸福，否則也是在人世間起起伏伏，只為平常小百姓之命格，一生在工作上也賺錢少，剛夠糊口而已，或仍靠人生活找飯吃。其人性格怯懦膽小、慳吝小氣。能形成『陽梁昌祿』格的人，能在學校或學術團體找到吃飯的工作。人生層次可略高一些，但事業前途仍晦暗不明。

此形式入財帛宮時，表示能賺的錢很少，工作機會少，只有一個，且不穩定，你會很小心的守住這個工作機會，拼命努力，賺一點衣食吃飯工錢，你在用錢上很小心翼翼，也想存錢，但仍會存不住機，及理財能力不佳，有破耗、有漏失、煩惱多。你一生能用的錢始終只是小錢，無法完全無後顧之憂。

此形式入官祿宮時，表示工作層次低，且無大發展，只是顧到生活而已。有時你不想工作，但想存錢，又存不到錢，又只能工作。而且一生辛苦、勞碌，所得不多，沒有名聲、沒有地位，只賺了一個吃飯、生存而已。如果有『陽梁昌祿』格的人，會在學校或學術機構工作，雖也無大發展，但較文質、不粗俗，否則就會做粗下的工作。

此形式入運程中時，表示運氣不佳，但能小心翼翼的過，也會吝嗇小氣的保守的稍耗財，但仍不見得守住財。亦有可能因小失大而辛苦、痛苦。此運中，你會膽小、怯懦、易躲在人後、受欺侮後，亦能自己替自己找下檯階或做合理化之解釋，因此環境再險惡，你都會生存下來。

太陽、火星或太陽、鈴星在亥宮的形式

『太陽、火星』或『太陽、鈴星』在亥宮的形式，太陽和火、鈴皆落陷。表示將滅絕、死亡之火。此火仍有邪惡或突然復活冒起來之危險。因此在這種形式中所遇火災、燙傷事件，極容易死亡，不能存活，且死後還有是非，打官司打不完，拖很久。

此形式入命宮時，其人長相和性格都怪異，也會臉上不清楚，

和往常的人不一樣。脾氣急躁易暴跳如雷，多行邪佞，易入獄，或為非作歹而後逃難，到處亂竄，有此命格的人，會一段時間很好動，停不下來，一段時間又不知藏到那裡去了。其人性格古怪，出現時又話多、愛訓人，不討人喜歡。本身事業也會變來變去，一生運不好。

此形式入財帛宮時，耗財多，錢財難進，工作不順，會做不久，故薪水之資也不穩定。會時常無工作，偶而才做一下，故財少，但花錢的事多，故會入不敷出，生計困難。

此形式入官祿宮時，常工作不長久，失業或無工作能力，也易做臨時工作，常是不起眼，層次不高的工作。也會東做做、西做做，一事無成。

此形式入運程中時，表示運不好，心悶又急躁、內心火爆、火氣大，有時也會爆發出來。生氣時又容易遭災和遭禍，常有突發的事件，容易闖禍，惹是非，有官非。也容易有血光、殺傷、或刀傷、車禍，跌傷之事，此運不平順，也會窮和耗財多，亦容易欠債，生活辛苦。

『太陽、天空、地劫』三星同在亥宮的形式

『太陽、天空、地劫』三星同在亥宮的形式，在天體中表示，太陽燃燒殆盡而殞落而毫無光芒了。在命盤上為『官空』至絕地的形式。有此形式時，心情悶的，也不一定會悶在那裡了。煩的也不煩了，會四大皆光，到處行走，身無掛礙，思想不實際，對錢財看輕，不會為工作或錢財煩惱，反而一切都放得下，隨遇而安了。因此忙的也不忙了，高興忙才忙，不高興忙就不忙，到處行走，很快

樂。**此形式在財帛宮時**，沒有錢也很快樂，不會為錢煩惱，錢是別人的事，你只管工作而已。**此形式入官祿宮時**，也不會在乎工作的階級、地位、形式，或內容，高興怎樣就怎樣，也沒有責任感的負擔，一切隨緣而定，未來易從事宗教的活動或工作。你會不工作，或做清高的工作或表面上掛名，卻無實際管事掌權的工作。**此形式入運程中時**，此運中你不想和男性朋友或親人來往，此運中，家中男性長輩或親人易過逝。此運中，你也要小心用電器用品，或要避開雷雨，以防觸電而有性命之憂。

太陽、左輔或太陽、右弼在亥宮的形式

『**太陽、左輔**』**或**『**太陽、右弼**』**在亥宮的形式**，是指使『刑官』色彩更加重的形式。在天體中，是指使黑暗的太陽光更加重黑

暗的力量。因此這有雙倍『刑官』的意義。倘若此形式入『命、財、官、遷、福、夫』等宮時，其人都會運氣更差，更不想工作，更會偷懶，人生也更黑暗一些。當你走到此運時，你也會發覺人生更黑暗到不行了，很難再爬起來。你會四肢發軟、不想動，一直到轉到下一個運程時才變好。

當在亥宮有太陽和一個左輔或右弼同宮時，其人官祿宮（在卯宮）有另一個右弼或左輔和陷落的太陰同宮。這些因素全在三合宮位上，故會形成為什麼運不好呢？是因為有事情使其人沒錢無財。為什麼沒錢無財呢？是其人工作不想做，也無工作機會，因此窮和懶，互為因果，一生也難逃命運的坎坷了。

太陽、文昌或太陽、文曲在亥宮的形式

『太陽、文昌』在亥宮的形式，因太陽落陷，文昌居平，其外表的斯文度仍是不算高的。此形式一定要能形成『陽梁昌祿』格才有用。否則只為一平常還算斯文的小老百姓之命格，一生無大用。要形成貴格，就一定要有祿星（化祿或祿存），在此形式的同宮或三合宮位或對宮之位上，其人能在公職、教職、公家機關中工作，雖地位不高，能力也不算強，但仍為斯文族群，生活層次會變高，生活過的也會比常人好，也較富裕。

『太陽、文曲』在亥宮的形式，是性格內斂，但話多、口才好、有才藝，愛現才藝，但工作上並不一定有成就的人。而且其人也會才藝多，到處表演、適合做演藝事業，能賺到不錯的生活之資。不會大紅大紫，但會小有名氣而快樂。**在財帛宮**，財不多，但

常有機會進財。**在官祿宮**，有才華，但不一定事業好，你在男性團體中會競爭力不好，但能用口才或才華異軍突起。適合做教職，或推銷、傳銷、保險類工作。適合沒有名位的工作，但不適合升官的競爭，會有挫折。**在運程中時**，代表話多、是非多、運氣不好，又愛表現，常會太聒噪，而使事情不好了，或才華沒機會顯現了，此運不算好運，但仍會有人緣桃花、愛交際，會暗中交際。

你的財要怎麼賺

這是一本教你如何看到自己財路的書。
人活在世界上就是來求財的！
財能養命，也會支配所有人的人生起伏和經歷。
心裡窮困的人，是看不到財路的。
你的財要怎麼賺？人生的路要怎麼走？
完全在於自己的人生架構和領會之中，
法雲居士利用紫微命理為你解開了這個
人類命運的方程式，
劈荊斬棘，為您顯現出你面前的財路，
你的財要怎麼賺？
盡在其中！

第四章　太陽雙星的形式

太陽雙星的形式，是指太陽在丑宮、寅宮、卯宮、未宮、申宮、酉宮時所具有的形式。太陽在丑宮或未宮雙星形式是太陽和太陰同宮的形式，太陽在寅宮或申宮是太陽、巨門同宮的雙星形式。太陽在卯宮或酉宮是太陽、天梁同宮的雙星形式。

雖然如此，看起來丑宮和未宮，或寅宮或申宮，或是卯宮或酉宮的雙星星曜都相同，但因太陽運行的位置不同，旺度不一樣，因此其命理形式的內容也會不一樣。更會在影響人類命運時產生很大的差異出來。

第一節　日月同宮的形式

日月同宮的形式，是太陽、太陰同在一條直線上的形式，此時地球剛好夾在太陽和月亮中間的位置。在丑宮時，太陽落陷、太陰居廟。表示太陽在地球的反面或下面，因此看不到光亮，而月亮正在很好相位，是滿月時期，非常亮。在未宮時，太陽居得地之位，而太陰居陷，表示太陽在亮度的位置，而月亮在暗面。

日月同宮剋應事物：

在人的方面——在丑宮，代表公務員中的會計、出納人員、管理財務的低層人員、公教人員，好逸惡勞安定的公務員或薪水族，代表有家產但事業運不佳的人，也代表經營小企業的生意人，

更代表靠收租維生的退休人員。亦代表性格陰柔、浪漫、內斂、話少的男性，或是平常保守，但稍為熟一點就話多、及綻放媚力的女性。亦或是略有家產但無事業、喜歡享受生活的男人。代表性格內向的護士或女人，亦指做白手套的人，會私下賄賂別人的人。

在未宮，代表公務員中做行政工作的人員、中等地位的，但薪水少的管理階層人員，辛苦、勞碌，但薪水不多的公務員或薪水族，代表事業有前景，但仍在貧窮之中須要打拚的人。代表有名聲、地位，但清高、財富少較窮的人。亦代表靠退休金過日子，不算富裕的人。亦代表性格陽剛、開朗，但用情不多，對人不夠溫柔的男性，或是內心不開朗，但常神經大條，凡事無所謂，也不重錢財的女性，亦或是有事業、有前途但不重錢財、也無家產的人，性格清高的人。

在事的方面——在丑宮，代表公家的會計、出納事務，代表理財、收租之事，代表教書之事和存錢之事，代表檯面下的存錢之事，代表私房錢之事，代表房地產租賃買賣之事，或地下挖寶之事。表面寬宏大量，但仍計算清楚之事。病理、護理之事，藝術方面的事，代表陰暗而有財利之事。

在未宮，代表錢少的公務之事，財少、名聲好，有名無利之事，教書之事，學術之事、銀行行員升職之事，代表大公無私之事，或公家的周轉金之事、代表和錢財無關之事。也代表和政治有關，但和錢財無關之事，亦代表和學術科技有關，但和藝術無關之事。亦代表明亮度高但無財利之事。

在地的方面——在丑宮，代表較陰暗、無陽光照射的森林中或沼澤、水坑、井泉、低窪之地方。代表光線不足，但有月光的地

方。亦代表女人多、男人少的地方，還代表女人較強勢、男人較退縮或安靜的地方。亦代表人情味濃厚，但公權力管不到的地方。還代表政府不太管的商業區，或是女子學校或以商業企管為主的學校或學術機構。

在未宮，代表較明亮、建築物大、水少土厚之地。亦代表重名聲法紀，但不講情面之地。亦代表男人多、較陽剛之地，還代表政治鬥爭多、財利少，代表廢棄不賺錢的工廠，或經營不善的學校，或不重要的公家機關。

在建築的方面——在丑宮

在丑宮，代表外表裝飾繁複精緻美麗、花樣多、又羅曼蒂克的安靜鄉間宅屋。亦代表外型是黑色、古舊、有魚池或花園井泉的宅第。亦代表外型是黑色或暗紅色相間的建築物。亦或是建造在水邊，或有水道環境的宅第、大樓。代表舊飯店

建築。

在未宮，代表外表簡陋的高樓、大宅，亦代表外型是紅色偏暗，帶點古舊色彩的房子或建築物，或是有乾了的水池的建築物。

在物的方面——在丑宮，代表不太漂亮但有價值之房地產，代表無用之化妝品及女性用品，代表無用之裝飾用品，代表晚間開的計程車，代表舊沙發及舊的、尚可用的彈簧床，代表不出名的藝術品，或古董，代表不太受正用的女性用品，裝飾品、文教用品。

在未宮，代表價值不高，但名氣好，有用之建築物、房地產。價值不高的公用之物。代表必須有用才會買的物品。代表和工作有關的文教用品。代表沒有裝飾性的新辦公室用品、傢俱。代表和政治、男性有關，但無利益，卻非常寶貴的用品，例如圖章、電燈、馬達、引擎等物品。

在疾病的方面——在丑宮，代表心悶、腦中風、心臟病、小腸的毛病、精神不穩定、歇斯底里症、心血管疾病、失眠、眼睛不好、肝旺性急、腎臟病、膀胱炎、身體下部疾病、陰水虧損、疝氣、瀉痢等等。

在未宮，代表腦溢血、中風、心臟病、腦部疾病、高血壓、精神亢奮、眼目不佳、肝、腦、腎機能有問題、膀胱炎、婦女病、疝氣等症。

在丑宮的日月同宮之形式

在丑宮的日月同宮之形式，太陽是居陷的、太陰是居廟的，表示是柔美的，夜晚時分、潮汐正旺，明月高掛，因此這是一個羅曼蒂克的形式。太陽代表工作、代表男人、代表陽剛、努力、勞動之氣，因陷落的關係，此時是停止不動的。而太陰所代表的女人，陰柔、多情、多感、嫵媚之氣，因居廟的關係，正瀰漫奮張。所以是女人當道、柔性當道。會情緒起伏不穩定。但會富有浪漫情懷，可是不利工作、事業，適合陰財、薪水。有月份和節氣性的變化，或潮汐性的變化，但不適合太長的時間或太短的時間。太陰是財星，又居廟，財多，此為陰藏之財．但工作上財少，會用一點點、慢慢的存，才會有一點點積蓄。

在丑宮的日月同宮的形式

在丑宮的日月同宮的形式，有桃花，適合文際，或認識異性，有婚友機會。也適合在晚上談情說愛，擁有浪漫的夜晚。

此形式在工作上並無大發展，而且容易在男性社會團體中沒有競爭力，也容易和男性無緣，不受男性歡迎，倒是受女性歡迎的。人命有此形式時，只是能賺一點薪水之資而已，而無法在工作上或檯面上有多大成就。

此命格的人，也容易內心悶、內向、怕羞、內斂，表面上乖巧，但內心情緒起伏大、不穩定，脾氣多愁善感、重感情，而不重理智，也會猶豫不決，無法做大事業。其人的財帛宮是空宮，官祿宮是天梁陷落。表示在賺錢方面並不十分在行，實際上也不十分用心。在工作上會不計較名份、地位和官銜，因此易做無名銜的工作，或秘書、助理、專員或會計之類位階的工作。其人一生對事業上沒有大野心，會順其自然，隨心所欲的過日子，談戀愛或感情的抒發，還是他們一生最重要的事。

此形式在財帛宮時，表示財運起伏不定，靠工作上得來的錢少，但能存錢儲蓄，將來仍能有錢。你也會中年轉業，或有事故，而損失一些錢財。不過先要有工作，或能持續存錢，就會有錢。

此形式在官祿宮時，表示做公職會起起伏伏，但若一直在公教職中打滾，仍有薪水可領。只是不能突然辭職，便會失業了。你在公職或工作中，地位不會太高，也無法升高，但可有一定的薪水，會過的還不錯。

此形式在運程中時，表示運氣起伏大，工作會不順或沒發展，但能賺到錢或存到錢。因此你只能向錢財上發展，以賺錢為目標，而不要以名位或權力為目標。否則會什麼也沒得到。你更應該多和女性一起工作或生活，和男性保持距離，因為男性不喜歡你，也會對你不好，你在與男性的人緣和競爭上都易敗下陣來，因此只有女

性對你有利，會給你錢賺。

日月、擎羊在丑宮的形式

太陽、太陰、擎羊在丑宮同宮的形式，是癸年生的人會遇到的，是**『太陽、太陰化科、擎羊』同宮的形式**。是『刑官』又『刑財』的形式。在丑宮，太陽居陷、太陰化科居廟、擎羊也居廟，實際上是擎羊在主導一切，故其人會強悍、好爭、本身的身體有問題，精神上常不太好，情緒多起伏、多愁善感，想得多、又好爭，好嫉妒，故常以自苦為樂。其人的夫妻宮就是天同、陀羅，表示內心的思想和感情模式就很笨、又懶、想得多，都不做，是自怨自艾型的人，也容易一生無用，靠別人吃飯而已。其人會工作不長久，做做停停，也不易結婚，命中財少，靠人生活過日子。

此形式入財帛宮時，錢財不順，賺錢少，也會常不工作，天天叫窮。錢財常陰晴不定、耗財多、進財少，生活易困苦，也不會理財。

此形式入官祿宮時，工作、事業多起伏，也常易改行或換工作，或做不長久，或根本不工作，容易遊手好閒、靠人吃飯，其人口才好、智慧高，有說服力，因此靠口才就能騙到衣食了。

此形式入運程中時，都會錢財不順，工作也易不保，更要小心有眼目之疾，或身體上膀胱、腎臟之疾病，開刀、車禍，因此此運是衰運，諸事不宜。

日月、陀羅在丑宮的形式

太陽、太陰、陀羅在丑宮同宮的形式，是甲年生的人會有的形式，在此形式中是『太陽化忌、太陰、陀羅』同宮。太陽化忌是陷落的，太陰是居廟的，陀羅也居廟。但此形式仍是刑官加刑財的形式。

此形式代表頭腦不清、事業有問題，無工作能力、智慧不佳，其人本命有一點財，仍是很笨、又頑固，錯了也不肯回頭的狀況。其人身體有問題，易傷殘。也會有智力上或精神上的問題。其人一生無法工作，但會有父母養他，要小心眼目的問題，易瞎眼或受傷。

此形式入財帛宮時，亦是錢財不順，易窮困沒錢，也沒工作，一生無用。小心官非及欠債問題。

此形式入官祿宮時，亦是一生無用、無工作能力，小心官非、欠債問題。這是在社會上無論在男性或女性社會團體中皆無競爭力或無桃花人緣的形式。因此在外生活都很困難。

此形式入運程中時，一定會遭災惹禍、欠債，或惹官非，運氣極差，要小心度過。

日月、火星或日月、鈴星在丑宮的形式

『日月、火星』或『日月、鈴星』在丑宮同宮的形式，也是刑官、刑財的形式，會性急衝動、脾氣古怪，好時髦，情緒起伏更大更快，使人無法捉摸。做事也更草率，快速，使別人無法瞭解及接受，因此他們也很乾脆，工作常換、做不久、錢財也留不住，凡事三分鐘熱度。是故一生多起伏，到老年時就會困苦了。

此形式入財帛宮時，耗財凶，賺錢是一票一票的鎌的。會熱鬧時有錢賺，不熱鬧，冷清時，沒錢可賺。有時有錢進，有時也要等一些時候才有錢進。偶而也會有意外之財，但機會不多。工作也常

時有時無。

此形式入官祿宮時，工作不穩定，做不長久，工作會有一票沒一票的做，易做臨時性的工作。亦會衝動辭職或換工作，因此錢財也會不穩定及耗財多。

此形式入運程中時，會有意外之災、耗費錢財，或突然改行、換工作。此運要小心火災、燙傷，發生時間在夜間一時至三時之間。

日月、天空或日月、地劫在丑宮的形式

『日月、天空』在丑宮同宮的形式是『官空』加『財空』的形式。此形式會有地劫在酉宮出現。**如果『日月、天空』的形式在命宮**，就是頭腦空空、不實際、清高不愛錢財、不重視錢財，其人的

財帛宮就是地劫獨坐，則其人更著實了對錢財沒辦法，完全不會理財，沒有金錢的理財觀念和技巧，因此一生會不富裕、較窮困。

如果『日月、地劫』在丑宮為命宮時，其財帛宮就有天空獨坐酉宮，也就是命宮是劫官、劫財的形式，而財帛宮為『財空』的形式。因此其人會有古怪的聰明，一生在事業和錢財上不實際，而導致手中無財可進，錢財空空。

『日月、天空』或『日月、地劫』在丑宮同宮的形式，無論在財帛宮或官祿宮，都是頭腦不實際，事業做不久，易轉行、轉業，錢財也留不住，會做薪水族糊口，但一生為一筆糊塗帳，總是入不敷出。人生起伏多端。**此形式入運程中時**，要小心謹慎的工作，勿隨意離職，更要小心的記帳、數著錢過日子，就能夠有存餘，錢財不會落空了。此運不適合投資或新開業，也不適合換工作，否則會有閃失而失業，如此就會沒薪水而有窮日子過了。

太陽化權、太陰在丑宮的形式

太陽化權、太陰在丑宮的形式（辛年生人所有的形式），太陰是

居廟的，太陽化權力量不強只能暗中掌權，無法在檯面上掌權主控。有太陰居廟，只是多得一些如薪資般的錢財而已。也可能賺房地產的錢財。此命格的人，多半喜歡買一些房地產來收租過日子，生活平淡、低調，不喜聲張。當此形式在『命、財、官、遷、夫、福』等宮出現時，其人都會略帶霸道的用自以為很體諒、體貼、有情份的方式，想主導別人。但並不一定能成功，而且時常是其人的想法會和對方的想法有很大的出入。是故他自己常會發現：別人似乎並不熱情，也常常十分冷淡。他自己會覺得奇怪。但這是化權加

重了太陽的粗枝大葉的感情模式。也加重了先天性想佔優勢地位的頑固思想。有太陽化權在命盤上的人，無論男女，皆為大男人主義的人，會尊重男性，也對男性有主導權。但此太陽化權在丑宮居陷，只能在暗地裡主導，亦可說是主導力量是打折扣的，不完全的，故而是頑固有餘，競爭不一定會贏，情份卻少了。競爭和欲主導別人時，是一定會傷及情份、感情的。所以要用帶有情份的方式去主導、控制別人，是幾乎不可能的事。

太陽化權、太陰在丑宮的形式，**在錢財上**，管的是薪水，**在工作上**升官的機會也不大，可賺一些薪水、分紅，但無大錢可進。**在運程上**，代表在晚間，尤其是在丑時的時候，適合和男性或女性溝通吃飯、聊天可以說服對方，具有掌控該時段情境的力量。

太陽化祿、太陰化忌在丑宮的形式

太陽化祿、太陰化忌在丑宮的形式，是庚年生人所有之形式。

此形式中太陽化祿是陷落的，因此化祿似有若無，而太陰化忌是居廟的，因此還會有一些薪水之資，但會多煩悶、頭腦不清，內心是非多，有感情的問題，亦有錢財的問題，相互交錯煩惱。也會感情和金錢交織形成巨大的麻煩。此形式入『命、財、官、遷、夫、福』等宮的人，都會一直工作賺錢，不敢放棄工作，但會因感情問題，工作態度有起伏變化。此形式中，因太陰化忌是居廟的，會因感情問題損失錢財，儲蓄不易。亦因三合宮位中（酉宮）有擎羊獨坐，因此對錢財更是刑剋不已，是故有此形式在命盤中時，易一生操勞，只是耗財而已，也只是為別人賺錢而已，會為了感情付出很多。

此形式在財帛宮時，小心薪水有漏失、拿不到，也小心有女性朋友騙錢，更要小心感情問題，損失錢。不宜買房地產，以免損失。須持續工作，可保錢財的元氣。**在官祿宮時**，小心突然轉行、離職，會損失薪水。不宜做房地產業，會有損失，也不宜做與女性有關的行業，多是非糾紛，宜做較陽剛、或與男性有關之行業較會平順。也要小心感情問題會影響工作、事業，會使先前的成績不保、付之東流。**在流運中時**，要小心感情問題和房屋糾紛，會影響工作和薪資，亦要小心女人的問題，或銀行存錢的問題，不宜在此『太陽化祿、太陰化忌』的流日、流月中處理錢財問題，一定會損失。

太陽化忌、太陰、陀羅在丑宮的形式

太陽化忌、太陰、陀羅在丑宮的形式，是『刑官』到不行，也刑財的形式。太陽化忌居陷、太陰和陀羅居廟。這是事業運盪到谷底，頭腦不清、智慧混沌，易有官非，十分嚴重，太陰的財也被這些是非糾纏所剩無幾了。此形式無論出現在人的命盤上之那一宮，都代表其人是笨的、頭腦不清的，尤其是出現在命、財、官、夫、遷、福等宮時，其人笨的很厲害，凡事拖拖拉拉，又頑固己見，做事做不好，又會委罪他人。一生是非糾纏，自己心境也不開朗，有時還起伏、多愁善感。有此命格時，是無法工作的無用之人。其人也容易有粗俗醜的外貌而不討人喜歡，更刑剋家中男性，也刑剋女性。易為孤獨之人。

日月同宮在未宮的形式

太陽、太陰在未宮同宮的形式，是太陽居得地之位，太陰居陷的形式。此形式是『重官不重財』的形式。代表會有清高、有名聲的事業，但錢財和薪水不多。也往常是會做事但無財之狀況。此形式也代表重理性，而不重情份的形式。因此會為正事或事業，而付出的感情少。

此形式在命宮時，表示其人性格情緒雖也會起伏多變化，但仍會較陽剛及剛直一些，敏感力、直覺力稍差，喜歡和人講理，在講情方面就少了些。其人會在事業上有大志向，會不計利益而喜歡做事，也會一生財少，較窮一些。因為其人的財帛宮是空宮，官祿宮又是天梁陷落的關係，即使能升官，站上職位也做不久。命格中有『陽梁昌祿』格的人，能做教授或學術研究，一生較平順，錢財也

能穩定，否則都會窮困。**此形式在財帛宮或官祿宮時**，都代表有工作能力但錢財少、薪水少，也是要有『陽梁昌祿』格的人，事業錢財都會平順。無貴格的人，則起伏多端。

此形式在運程中時，代表有工作就有飯吃，但財不多，要小心過日子，該運中和女性不合，和男性有普通的感情，此運中，你也會重理性、用情較少，因此桃花少，婚友機會也會少，未必能有機會結婚。在生子方面，生兒子運氣較好，未來會有事業。生女兒較會受不到喜愛，所受之關愛也少。

日月、擎羊在未宮的形式

太陽、太陰、擎羊在未宮同宮的形式，是丁年或己年生的人會遇到的。**丁年生的人，會有『太陽居得地之位，太陰化祿居陷、擎**

羊居廟』在未宮同宮，因此也是『刑官』、『刑財』的形式，其受剋的程度，就是事業易改行或中途中斷，而在工作得財方面就更少得可憐了。凡有此格局形式時，其人一定會清高、不實際、不重錢財，會較窮困，有時也會窮瘋了，想賺錢，但不知如何去賺，其實有此格局的人，要工作才有財，也要持續工作，不能經常換工作，要延續得久一點才行存到錢，否則就是永遠生活在窮困之中了。居陷的太陰化祿原本也沒什麼財，只是代表薪水而已，再被擎羊刑剋，更難留得一些，因此會窮。

己年生的人，**只有太陽、太陰、擎羊在未宮**，此形式中擎羊居廟，故是以擎羊為主的形式，其人好爭、較強悍，但會傷事業、傷名聲、地位，也會沒錢。故也是中途事業有轉變，工作做不久，也無錢財的形式格局。

故不論丁年生或己年生的人，此形式因有擎羊的刑剋，都有不吉，會影響事業、工作，易失業或改行，也會身體不好，眼目不佳，或有傷災、車禍、開刀事件更會窮困無財、煩惱多、心情不好。

日月、陀羅在未宮的形式

日月、陀羅在未宮的形式，是庚年生人所有的形式。其形式實際是**『太陽化祿、太陰化忌、陀羅』同宮的形式**。此形式尚有一些工作機會來生財。但其人在感情上和錢財上，也會有是非，和頭腦不清的問題。這些問題又會影響到工作上的事情。因此歸根究底，也是沒辦法把事情做好了。而且易鬧彆扭，自己找自己麻煩，也不讓周圍人好過。其人易有感情問題，結不了婚，談不成戀愛，或根本沒有戀愛機會，也容易無錢，也無工作能力，靠人養他。此形式在任何一宮位皆不好。在流年中時，會窮困，也易感情生變，更易有傷災，凡事拖拖拉拉，都變笨。

『日月、火星』或『日月、鈴星』在未宮的形式

『日月、火星』或『日月、鈴星』在未宮的形式，也是『刑官』、『刑財』的形式，太陽在得地的旺位，太陰屬水，居陷，而火、鈴居平。此形式會使工作機會在衝動、急躁、草率中進行，因此工作做的不完美，而且沒辦法進財。因此是花錢很快、進財沒機會，工作做不長久、東做一點、西做一點，又會衝動急躁而敗事，故是窮的財官運氣。

在運程中時，代表要小心火災、燙傷、電擊事件。也要小心突

然的病災，或流行性疾病，以及車禍、血光、突然開刀等問題，此運不算吉，災多。

『日月、天空』或『日月、地劫』在未宮的形式

『太陽、太陰、天空』在未宮的形式，是『官空』加『財空』的形式。有此形式時，其三合宮位卯宮會有地劫獨坐。

『太陽、太陰、地劫』在未宮的形式，是『劫官』加『劫財』的形式。有此形式時，其三合宮位卯宮會有天空獨坐。

因此，有上述形式時，無論在命、財、官、夫、遷、福等宮出現，都會被劫空主導，其人會思想清高、不重錢財，不想賺錢，也賺不到什麼錢，但會花高級、高當的錢財。一生會沒錢，或並不太在意工作，或只喜歡做清高的工作。因此其人多半靠人生活，或寄

身宗教之中。此形式在運程中時，代表要小心工作，沒工作就會沒錢。此運不算好運，也容易沒桃花、沒機會，也無婚友機會。要等到下一個運氣才會有機會。

太陽化權、太陰在未宮同宮的形式

『太陽化權、太陰』在未宮同宮的形式中，太陽化權在得地的旺位，而太陰在陷位。因此更會注重事業，和與男性的爭權奪利。此形式是『官旺財輕』的形式，會注重名聲、地位，不愛錢財。寧可犧牲賺錢機會，也要掌權和成就大事業。此形式適合做政治界、學術、公教職，努力發奮，還是會有薪水財祿可生活的。但命、財、官、夫、遷、福等宮有此形式時，其人有向上奮進的企圖心，也容易有事業成就。

當此形式在運程中時，表示工作上有發展，但錢財仍少，或暫時拿不到錢，以後才能領錢。此運對男性有掌控力，能說服男性，但對女性沒用、沒魅力。在此運中會重理不重情，會太剛硬，沒異性緣，不易結婚。

太陽化忌、太陰在未宮的形式

太陽化忌、太陰在未宮的形式中，太陽化忌是居得地之旺位，太陰居陷，故在工作上易有頭腦不清、錢財少，較窮的問題。但仍是還會工作的。只不過易換工作，或改行。頭腦常自做聰明要改變事業形態和人生形態，會使自己找更多麻煩來受苦。此形式在命、財、官、夫、遷、福等宮之中，皆會事業多起伏，工作不長久、沒錢、窮困、多是非糾紛，和男性不合，有衝突，一生難有大發展。

在運程中時，會事業有起伏磨難，或不工作，或失業，也易有官非，官司問題。更會有錢財問題，以及眼目不好及腦部、心臟問題要小心。

第二節　陽梁的形式

太陽、天梁的形式，是官星和蔭星同宮的形式。但在卯宮和在酉宮是完全不一樣的命運結果。因此要分的很清楚，才會命算得準。

在卯宮的陽梁，太陽和天梁皆居廟位，是『陽梁昌祿』格中重要的棟樑主角，**太陽**代表明亮寬廣的前程，也同時代表男性社會的競爭力。**天梁**代表響亮的名聲和正直的名譽，以及上天和祖先的庇佑，以及長輩、上司的愛護提攜之情。**文昌**是自己本身的精明度、聰明的學習能力、理財能力，以及靈活的、斯文、有氣質的、應對能力。**祿星**是代表上述所有的條件在溫暖濃郁的感情情份下在運作，因此會產生極大的利益給這個人。同時『**祿**』也代表其人從事的學問、學藝、知識的活動能為他帶來財祿。**因此陽梁在卯宮是對人生開啟智慧之門，又能帶給人優質生活的重要關鍵。**

在酉宮的陽梁，因太陽已西下，發奮力不足，再加上天梁只在得地之位，故名聲、貴人等各種條件都差很多了。況且在酉宮的陽梁有『日月反背』之格局，且為漂蓬之客，易浪跡天涯，一生勞心勞力，生活層次不佳。這和在卯宮的陽梁之意氣風發，就有天壤之別了。

陽梁剋應事物：

在人的方面——代表年紀大的人，代表知名的政治人物、及有能力的服務員、代表父親、母親或祖父母，代表德高望重的人，也代表年紀大的男性與女性，代表有名聲、有地位的人，代表有知識、有道德、智慧的人，亦代表老師輩的人，慈善能提攜後進的人，寬懷大量能普渡眾生的人，或是具有博愛、寬宏、救世之人，或是能無私的醫治百姓病痛的人。亦或是大公無私的宗教皈依者，為天下蒼生而謀略的名師。國家考試第一名的人，老而彌堅具有智慧的人。代表做官的人，代表中醫師或推拿師。

在事的方面——代表國家考試之事，代表公家慈善之事，代表公家照顧之事，代表男女共同的努力照顧之事，代表長輩、疼愛之事，代表在男性社會競爭之事，代表有年紀長的貴人提拔之事。

亦代表做官吏方面的事情，還代表名聲響亮之事，代表高道德標準之事，代表高知識水準之事，也代表中醫院醫師之事，或推拿師傅之事，公益彩券之事，舉辦國家級宗教儀式的宗教人員。代表前途遠大之事業之事，及驛馬奔波事業之事，亦代表有專業技術之事。

在地的方面——代表向陽的高樓之地，代表地勢高又乾燥的地方，代表高級又有名的墳墓，向陽的土坡。亦代表立法院、國家議會、國家劇場、忠烈祠、中醫院、豪宅別墅，國家級的慈善機構，大公無私、無派別的宗教場所，教育機構所在地，教育部、考試院、試場、大學院校、圖書館、公益機構、神職機構。亦代表重名聲，能感化人的地方，亦代表年紀大的男人和女人多的地方，如老人院、醫院等地，亦代表政治與宗教相互並存之地。廣播電台。

在建築的方面——代表高大、氣派、明亮、寬廣、房間多的

宮殿建築，或是高大、氣派美麗的高樓大廈，或是高大莊嚴的廟宇、宗祠，或是建築美麗的大學、學院，亦或是有紅黃或土黃色外觀的巨大建築。亦代表蓋在山坡高地上壯觀的建築。亦代表名人的古墓建築。

在物的方面——代表文具、電動教具、教鞭、電燈、神明燈、拜神祭祀用品、考試用品，和讀書有關的用具，代表獎狀、獎杯、榜單、名牌、醫療器材、救護車、辦公用具、選舉旗幟、舞台劇擺設、哨子、麥克風、宣傳車、廣播器材。剛出土之古墓。

在疾病的方面——代表火氣大、脾胃不佳、肝旺性急、循環系統不好、心臟病、血管硬化、舌、腦神經發硬不靈活、腦中風、小腸的毛病，腳退浮腫、腎臟病、糖尿病、濕熱、反胃、淺腹。在卯宮有腹中疾病，腸道阻塞等等。

陽梁在卯宮的形式

太陽、天梁在卯宮的形式，是『官旺』、『蔭旺』、『天下第一』的形式。為金班傳臚第一名，會中狀元的格局形式。尤其有文昌、祿星（化祿或祿存）同聚於卯宮時，會名至榮歸，定有喜慶之事。凡是有『陽梁在卯宮』這個形式在命盤上的人，其實都具有長輩運和貴人運，一生受照顧不少，尤其在要升官、升職，或要考試的時候，就會展現好運出來了。出門在外，也會多遇貴人出手幫助、行遍天下，不論在外國或偏僻之所，皆能逢凶化吉，得到幫助。這就是此形式最特殊的地方了。在酉宮的陽梁就無此等好運了。

陽梁在卯宮的形式，是年紀比你大的人對你有好處，年紀比你小的人易嫉妒你，或與你作對。這是屬於貴人運方面的事。

陽梁在卯宮的形式亦代表名聲響亮之事和高道德標準之事，凡有此形式在命盤上的人，且無擎羊在卯、酉宮出現的話，其人都會注重名聲，道德水準是比平常人略高一些的，如果有擎羊在卯、酉宮時，就是『刑蔭』、『刑官』格局，也會不重臉面、名聲，也不在乎事業，更不具有上進心了。

有此形式在命盤中的人是『日月俱明』的格局，也會性格開朗、正派、有同情心、慈愛心、上進心，能獨善其身，也會有兼善天下的大志向。

陽梁在卯宮的形式在命盤中時，最好有文昌、祿星（化祿或祿存）在三合或四方宮位相照守，來形成『陽梁昌祿』格，這樣會提高人生活的層次，也會提高人身份、地位，和精神層面的層次，更能創造人至高的成就。

此形式無論在命、財、官、夫、遷、福等宮出現，都會有貴人運來扶持，改變你的人生。即使在其他宮位，如父、子、僕、兄、疾、田等宮，也會有貴人運來對你有助益。尤其在行運中有此形式，不但有貴人運，更有名聲顯達的機會。因此此運是大大的好運了。

陽梁在卯宮的形式入命宮之人，無刑剋的話（指無擎羊、祿存、化忌、火、鈴、空、劫同宮）。其人在出生時，家中即有喜慶之事或祖上留有陰德之事，書云：『蔭福聚不怕凶厄。』是故此形式坐命之人，皆能心胸寬、度量大、少見凶厄之事，也不知何為凶險災禍之事了。

陽梁在卯宮入命宮的人，方面大臉、大耳、長相端正、氣派、性格正直、為人愛面子、事業心強、野心大、做事急、想快點成名、功成名就，喜歡做大事業，小事業、小局面不愛做，易好大喜功，常不拘小節、好濟施、桃花多、人緣好，男人、女人都喜歡他。他也好管別人家閒事，自己家中的事不愛管。此形式的人本身常做別人的貴人，而自己的貴人很晚才出現。此命格的人會一生勞碌、喜歡做官、做事業，但也桃花多、有感情困擾。此命的女子，有男子氣慨、性剛烈，適合做職業婦女，此命格的人喜愛助人，不計較他人是非、心胸寬大、熱情正直、事業會歷經艱險才能成。

陽梁坐命者，無『陽梁昌祿』格時，一生較辛苦，因為理想大、報負多，其財帛宮是太陰居廟、官祿宮是空宮，有同巨相照，因此多做公務員、領薪水，事業型態與層次皆不高。如果有『陽梁昌祿』格的人，則易入大學教職或政治圈中有官格，人生層次較高，生活也會較富裕。因此此命格的人，不讀書是不行的了。

陽梁在卯宮的形式入財帛宮時，表示錢財上就是要賺有名聲、

有智慧，必須不斷努力向上的工作的錢財。因此適合教書、學術，或政治界、或官職、公務員等工作來賺錢，陽梁不主財，故你必須有高學歷、高知識水準或高智慧、名聲大，才會聚集錢。

陽梁在卯宮的形式入官祿宮時，表示事業上就是容易名聲響亮，威名遠播、講道德，具有高智慧、高知識，具有愛心的工作，才能發揚光大的。因此你也適合做官職，做政治圈的工作，做公職、教職、慈善業、學術界研究、出版業、傳播業、廣播業、記者、電視界，報業等文職工作，會有發展。

此形式入運程中時，表示是考試的好時機，會高中榜上。亦代表會升官，有喜慶添丁之事，有名聲大好之事，有善舉讓人讚譽之事。有智慧道德或學問、愛心，被人恭維之事。有天才發明被人發現之事。亦會有桃花泛濫，有感情困擾之事。亦可有婚友相親之事。

陽梁、擎羊在卯宮的形式

太陽、天梁、擎羊在卯宮同宮的形式，是『刑官』加『刑蔭』的形式，此形式是甲年生人所有之形式，實際上是**太陽化忌、天梁、擎羊同宮的形式**，因此很不吉。此形式中，雖然太陽化忌和天梁居廟、擎羊居陷，似乎陽梁的吉運被擎羊刑不完，但實際上陽梁已經變質了，變成陰險而無用的形式格局了。**當此形式在命宮時**，此人會心存狡詐、懦弱，無工作能力，常推諉、不想做事，其人也容易有傷災，和頭腦不清、是非多的問題，並且心胸不開朗，常自尋煩惱，工作會做做停停做不久。一生也無大發展，有時還會依靠別人過日子。

太陽化忌、天梁、擎羊入財帛宮或官祿宮時，都是頭腦不清、工作不長久，會沒錢，或無工作能力，會窮困，靠人過日子，也一生辛苦。

此形式入運程中時，會是凶運，易有傷災、車禍，或有血光開刀、易傷及眼睛、大腸、腎臟。也會失業、窮困，或有丟臉的事，或有打官司之事，會讓你十分痛苦。

陽梁、祿存在卯宮的形式

太陽、天梁、祿存在卯宮同宮的形式，是乙年生人所有的形式。實際上是太陽、天梁化權、祿存同宮的形式。

太陽、天梁化權、祿存在卯宮的形式中，太陽和天梁化權、祿存皆居廟位，這表示又頑固，又大男人主義，又保守、小氣的愛管、愛主導，也愛照顧人。因此在此形式中，此人真正能照顧的人少，此形式真正能成名、出名的機會也不算很大。因為被祿存這顆保守小氣、小氣子氣的星給限制住了，無法大大有名氣了。此形式也會特別自私、霸道、自以為是、不聽別人勸告，或不聽別人意見，終將成就不大。

此形式入命宮時，其財帛宮有太陰化忌在亥宮，雖為『變景』，但仍會有錢財困擾及和女性不合。會不做公職，或在外經商，終有耗財、失財的是非糾紛出現。**此形式入財帛宮時**，官祿宮就是太陰化忌。**此形式入官祿宮時**，其人命宮就是太陰化忌在亥宮，這代表說，其人定有頭腦不清楚的地方，而且是和錢財有關，和儲蓄有關的問題，也會不做公職或薪水族，終將敗財或有困擾糾紛出現。其人一生的成就也有限，因被『羊陀所夾』之故。

此形式入運程中時，表示此運中本想很大氣、很霸氣的愛管很多事，但結果都很保守的只管一點點，而且是很自私的，只管對自己有利之事，因此會讓別人譏諷、反對。此運中你只管你喜歡管的，又對自己喜歡的特別寬容。因此你會眼睛看不清事實，而有後遺症。此運適合升官、考試，也能讀書，對自己有利，但要小心反彈，此運還算吉運。

陽梁、火星或陽梁、鈴星在卯宮的形式

『陽梁、火星』或『陽梁、鈴星』在卯宮同宮的形式，也是略帶有『刑官』及『刑蔭』色彩的形式。會因為性急、衝動，或有古怪聰明讓事情轉開了。陽梁本身就已性急，有些暴躁了，再加火星或鈴星，其實更加暴躁。因此做工作易不持久。在貴人運方面，貴

人也會有古怪的聰明，該幫的時候不幫，不該幫的時候又猛幫忙，或是一會兒幫、一會兒不幫，很混沌。另一方面，在名聲方面，易突然出名，但後繼無力，一下子又會落下來，有些感傷。此形式在財帛宮或官祿宮皆代表工作做不久，因此進財少，都耗財多又快，不算吉。此運中適是有一點貴人運，但並不一定幫的上忙而已。

陽梁、天空或陽梁、地劫在卯宮的形式

『**陽梁、天空**』**在卯宮同宮的形式**，是『官空』加『蔭空』的形式，容易頭腦空空，不實際，而使工作和名聲成空。

『**陽梁、地劫**』**在卯宮同宮的形式**，是『劫空』加『劫蔭』的形式，容易有怪異聰明，而使事業和名聲溜走，做不長。其實這兩種形式，都是思想不實際、做事不用心，常會漏失一些事，而無事

業成就。此兩種形式在命宮或財帛宮或官祿宮時，都會工作不長久，賺錢少，或臨時改行，換工作時前後接不上，使事業斷斷續續。

此形式在運程中時，表示要用心工作，少想不實際的事，少換工作，多接近年長者，才會事業順利，及有貴人幫助成功。

太陽化權、天梁在卯宮的形式

太陽化權、天梁在卯宮的形式，這是辛年的人會遇到的，是加重事業與加強政治爭鬥與掌權力量的形式。因為在卯宮的太陽化權居廟，天梁也居廟，故是第一類的名聲和功名前程，但此形式的對宮（酉宮）有祿存獨坐相照，因此會限制了此形式的範圍，也會使此形式變為稍為保存和放不開。實際上也無法開展大事業，只會好管事、掌權、勞碌而已。此形式仍要注意看文昌在何宮而定，因為辛年生人有文昌化忌，要看文昌化忌在那一宮而定了。因此這太陽化權、天梁在卯宮的形式，縱然有文昌化忌在格局上，也會形成帶化忌破格的『陽梁昌祿』格而不美。仍然會對事業無助力，而是頭腦更頑固，更不清楚、不精明、計算能力不好，卻一味的固執己見錯下去。也依然會有幾次改行轉業的機會，會浪費一些人生中精華的時間而不自知。是故此形式表面上看是好但要細細分析，才能知道是真好、假好。

太陽化權、天梁在財帛宮時，財運還不錯，但會是固定的薪水或工作之資，你也易在長輩的公司或機關中工作、管事來賺錢，有保守不多的薪水，但很穩定。**此形式在官祿宮時**，也表示做公職或薪水族，能做小主管，具有地位，你也易在銀行或金融機構中工作管事，很穩定，也會有長輩照顧，亦能有名聲響亮的機會。

此形式入運程中時，表示很喜歡工作，發展事業。也會有貴人介紹工作給你，或推薦你至更上一層樓的工作，因此你會步步高升、能升官或提昇生活品質，或提昇人生的階段，你會比較勞碌，又喜歡做主、愛管別人的閒事。此運也會有名聲遠播的狀況。倘若亦有文昌化忌在此形式中同宮或相照時，此運會糊里糊塗的過，並看不出來有任何升官或升層次的狀況了。

太陽化祿、天梁在卯宮的形式

太陽化祿、天梁在卯宮的形式，是庚年生人所遇到的形式。因此形式之對宮有擎羊相照刑剋，所以此形式或表面上看太陽帶化祿，有財，但實際上仍受刑剋，等於說此『太陽化祿、天梁』的形式之源頭仍是小的、綁住的、有刑剋、窮的，而在面子上又看起來工作能賺一點錢，還能有名聲和貴人運，倘若認真算一算，這個『太陽化祿、天梁』在卯宮的形式就實在是較窮不富裕的形式了。

此形式在財帛宮或官祿宮時，可賺的錢財少，因為會有擎羊在福德宮或夫妻宮，不易結婚，工作不長久，易轉行或改業，雖表面上工作是有前途的，但先天上內心想法保守或古怪，故成果不彰。

此形式入運程中時，代表有長輩或女性會做你的貴人，介紹工作給你，你也會在工作上有財進，但不會是大財，也不會是財利多的職位。但會是清高、具有一些大眾熟知有通俗性的名氣的工作職位。此運也適合升官，參加考試，或和長輩型、男性友人一起發展事業，此運也更容易因桃花、緋聞出名，或以名聲大好而人緣好。

陽梁在酉宮的形式

太陽、天梁在酉宮的形式，因太陽已西下至地平線的地方，就快隱沒了，因此太陽的光芒威力是很弱的，此形式中太陽居平（太陽的位置和地平線平行了），而天梁居得地之位，專就太陽光的亮度來說，『陽梁在酉宮』的形式是完全無法和在卯宮時相比的。

太陽、天梁在酉宮的形式，在命盤中，太陽居平、太陰也會居陷，故是『日月反背』的格局，其人會容易意志消沈，中年怠惰，且易奔波飄蕩，為漂蓬之客。易浪跡天涯，一生勞心勞力，糊口而已，在事業上並無大發展。

『陽梁在酉宮』的形式入命宮時，其人身材不高，外在沈穩、慢慢的，但內心急，其人易懷才不遇，常滿腹牢騷，表面看似溫和、柔軟、人緣好，但內心剛直、多口舌是非、糾纏不清，也易年輕時便離鄉背井，到外地發展，漂泊一生。此命之女子也會桃花怪異，而遇人不淑。**此形式入命者**，皆屬於命不好的人，也容易和父親無緣、無父母與父分離，靠母親撫養長大。容易一生坎坷，生活辛苦。此命格之人，貴人運並不強，自己也未必能照顧他人，故容易四海遊走，不想留下懸念。當此形式入命宮的人，從八字中即可看出此人是必須韜光養晦之人，是無法在事業上或任何專業有發展成就的人。

當此命格的人出生時，其家族正衰退或沒落中，且有家中男丁少，靠祖母或母親等女子獨撐家內生計，因此是屬於家庭不富裕的人，但終究仍有一些夠衣食活命之財可繼承。

『陽梁在酉宮』剋應事物：

在人的方面——代表性格悶、運氣差一點，事業運不佳的男性。也代表有寒儒色彩不富裕的老師，更代表懷才不遇、牢騷多的父親或丈夫。代表沒有父親、受母親照顧養大的小孩。代表沒有競爭力、處處讓人的人。亦代表沒有奮發力、喜歡過悠閒日子的人。還代表沒落的中醫師、生意不多的跌打損傷的師傅或五術館館主、算命師、按摩師。

在事的方面——代表雲野鶴、韜光養晦之事，代表周圍修養身心之事，代表不奮發、懶洋洋之事，代表桃花遊樂之事、代表中醫醫療之事，代表練五術身體之事，代表私塾之事、代表略有聲名，但不想努力奮發之事。代表信神拜佛之事。

在地的方面——代表灰暗多石的土地，代表還算乾燥、地勢平坦的地方。代表在向陽土坡旁稍陰暗的地方，代表治跌打損傷的國術館、破舊的中醫院、廟堂、寺院、宗教集會場所、私塾之地、桃花和是非多的地方。按摩院、安親班、老人寄養所，田園旅店，田園小學、茶藝館、算命館、妓院。

在建築的方面——代表橫寬不高的建築、代表田園旅舍、鄉村旅店，或慢性病醫療的建築，或稍舊也不體面之建築，或是將退休的教學大樓，或是舊舊的土黃色、不起眼的建築。

在物的方面——代表將廢棄的教具或文具，微弱的神明燈、舊香爐、用過的祭祀用品、舊的中醫器材、醫療器材、按摩器材、舊而無用、價值不高的古董。四周種植挖土之用具。

在疾病的方面——代表土重、腎臟不好、脾胃不佳、眼目不好、腸胃有問題，亦會腿腳浮腫，或糖尿病，亦要小心腸病及頭部腦部的問題。

『陽梁在酉宮』的形式入財帛宮時，表示其人工作不力，常怠惰、發奮力不足，做事常懶洋洋，或頭腦不好，賺不到什麼錢，常要靠別人接濟或別人介紹工作，才能賺一點錢，偶而也會有女性的長輩或朋友給你錢花用，但機會不多。你也適合賺宗教或教育、教書方面工作的錢財，賺錢不多。**此形式入官祿宮時**，代表工作做不長久，會斷斷續續，也會是長輩或朋友介紹的工作。但你常懶洋洋，做的不起勁。你是命中財少的人，因此你工作上賺錢少，也工作期不長，易靠他人過日子。你也易找到工作不積極，但比你年長的配偶。**此形式入運程中時**，代表運氣有洩氣的跡象，你會懶洋洋懶得動，常無精打采，也會發奮力不足。你喜歡管一些閒事，正事不愛管。此運中你有桃花、有異性緣，也喜歡拜神信宗教，但在事業上會一事無成。也會賺錢少，較窮，苦哈哈的。

陽梁、擎羊在酉宮的形式

太陽、天梁、擎羊在酉宮同宮的形式，是庚年生的人所有的形式。會有**太陽化祿居平、天梁居得地之位，擎羊居陷在酉宮一起同宮**。這是『刑官』刑光了，刑蔭很凶的形式。因此凡有此形式在命、財、官、遷、福、夫等宮時，都易工作不長久，或根本不工作靠人吃飯過日子。

太陽化祿居平，工作上的錢財就少了，再加擎羊來刑剋，就根本沒有錢了。而『刑蔭』的格局，就根本沒有貴人相助。因此此形式中，也不會有人介紹工作，本身工作機會又少，故會吃飯都有問題了。

此形式入運程中時，仍然是工作不穩定的狀況，也會錢財少，凡事不順，更會發生不名譽之事，或有桃花糾紛，還會身體不好，有傷災、車禍，或病災、開刀等事，亦會眼目不佳、有眼疾。

陽梁、祿存在酉宮的形式

『太陽、天梁、祿存在酉宮』同宮的形式，是辛年生的人會有的形式。此形式中有**『太陽化權、天梁、祿存同宮在酉宮』**，代表性格保守頑固、自私、想管、愛管，又管不了。其人還會小氣、吝嗇，是故是有些霸道，但做不了什麼大事的人。因為又被『羊陀所夾』，在內心方面又為膽小懦弱，在外表上又虛張聲勢。其人與父母、家人不和，只能顧到自己的衣食溫飽，會過不富裕的日子，有工作就會有飯吃。

此形式入財帛宮時，能工作，但賺錢不多，能糊口、有溫飽而已，也喜歡存一點小錢。在工作上常想管又管不了。做保守的工作，別管太多事會平順一些。

此形式入官祿宮時，表示工作上發展不大，會做保守負責任不多的工作，能做公務員或薪水族，衣食無憂。**此形式入運程中時**，你會保守、小氣、不一定愛管事，但參加考試能高中。在升官方面也會有機會，但薪水不多。

陽梁、火星或陽梁、鈴星在酉宮的形式

『太陽、天梁、火星』在酉宮同宮或『太陽、天梁、鈴星』在酉宮同宮時，火星、鈴星都在得地旺位的位置。本來太陽在酉宮，火氣已降，但此時有火、鈴同宮，又加了火氣，故此形式代表悶

熱、悶火、悶燒的形式。這依然是『刑官』加『刑蔭』的形式。**此形式入命宮時**，代表其人常軟趴趴、懶洋洋、脾氣急、做事又不積極，常不想動，有時又是急驚風。做事會草率馬虎、工作不長久，也不喜別人管，故也不接受貴人幫助，貴人少。會有一票、沒一票的工作。也會愛時髦、衝動而一事無成。**此形式入財帛宮時**，偶而有朋友或長輩介紹賺錢機會，只是偶而有一票可賺錢而已，機會並不多，而且常易耗財，賺得少，花得快又多，易無法有餘存。**此形式入官祿宮時**，工作常為臨時性工作，有一票、沒一票的，熱鬧時有工作，冷清時便沒工作。也會有性格古怪的朋友介紹給你，你仍適合做公教職或薪水族較好，錢財才會平順。**此形式入運程中時**，要小心突然改行或轉業，薪水就會接不上了，也會生活拮据了。此運會性急衝動、野心大，要做很多事，但忙來忙去，最後仍一事無成。要小心火災、燙傷、發炎會發生。

陽梁、天空或陽梁、地劫在酉宮的形式

『太陽、天梁、天空』在酉宮時，三合宮位的丑宮就會有地劫獨坐。

『太陽、天梁、地劫』在酉宮時，三合宮位的丑宮就會有天空獨坐。

因此由以上形式中你就可以看到：當酉宮的形式為命宮時，官祿宮就有另一個劫空獨坐。當酉宮為財帛宮時，丑宮就是劫空坐命。當酉宮為官祿宮時，丑宮就是財帛宮。因此這完全處於一種『官空』、『蔭空』或『劫官』、『劫蔭』的形式之中。故會腦袋空空，工作、錢財都無法掌握住。會一生無成就，也會太清高、不實

際。一生財官成空。

此形式入運程中時，表示原本不顯眼的工作，也不一定保得住，你會頭腦空空，也不想有人幫忙，故也貴人少。

太陽化忌、天梁在酉宮的形式

太陽化忌、天梁在酉宮的形式，是刑官又刑蔭的形式，這是甲年所生的人會有的形式。因對宮卯宮有擎羊相照，因此會雙重刑官，又會刑蔭，此形式在任何宮位皆不吉。入命宮、財帛宮、官祿宮皆會頭腦不清、事業不順，少貴人幫忙。偶而又會有人幫倒忙，此形式中和男性多是非，女性也不真心幫助。會勞碌、心煩、眼睛不好、身體不佳。一生不順利。在運程中出現時，也會多是非糾紛，或打官司、入獄等等，會有顏面盡失的事情發生。

第三節　陽巨的形式

『太陽、巨門』同宮的形式，會在寅宮或申宮出現。這兩個形式是完全不一樣的形式。因為在寅宮時，太陽居旺、巨門居廟。在申宮，太陽已要西下了，只居得地之位，而巨門仍居廟。實際上巨門五行屬水，在申宮是較旺的，在寅宮屬木的宮位，木會吸水，對巨門是不利的。故申宮的陽巨是口才好、是非多，寅宮的陽巨雖有是非，沒有在申宮來的嚴重。

『太陽、巨門』同宮的形式，實際上是一種太陽光照射，和水氣發生作用，而產生霧氣混沌不清的狀況。此形式在顏色上代表不穩定的紅色，一會兒鮮紅、一會兒暗紅，或是一塊鮮紅、一塊略紅，問題很多。

陽巨入命格中，在寅宮時，其人較寬宏、好辯解、常出錯又喜歡瞎掰回來。做人常傻呼呼的，有時是裝傻，凡事無所謂，喜歡講話和好吃食。陽巨坐命在寅宮，桃花多，但在感情上仍須競爭才有意思。坐命申宮的人，桃花少，感情競爭不易。陽巨坐命的人財、官二宮皆是空宮，表示工作能力不強，也常常多話少做，適合做與口才有關的工作。命宮在寅宮的人，年輕時還能奮鬥，中年以後會怠惰。**命坐申宮的人**，人緣會較差，怠惰的時期會更向前推進，亦可能年輕時便無工作能力。陽巨坐命者，皆多是非，好吹噓、多爭執，也容易做事三心二意，或不知輕重。有太陽化權、天刑同宮的人，可做司法官或律師。

地劫天空

陽巨剋應事物：

在人的方面——代表口才剛直的人，代表信口開河的人，代表性格開朗、無所謂、吊而鎯鐺的人，代表喜歡用言語相互譏諷的人，代表口舌是非多的人，代表三姑六婆型的人，代表愛講話又愛吃食的人，代表知名的仙道巫師之人，代表迷信密醫或符仔仙、鬼神之人。代表以口生財的人，代表多嘴、好談天之人。代表打情罵俏之人，代表教師、或勸架之人。代表機關發言人、代表言語不實之政府官吏、代表議員或好爭執的人。

在事的方面——代表熱鬧爭吵之事，代表明處爭執、競爭之事，代表是非多，好解釋之事，代表多嘴多舌之事，代表表面正派、暗地偷雞摸狗之事，代表以口生財之事，代表迷信又不計較之事，代表好吃零食之事，代表質詢之事，代表吵架罵人之事，代表與公家的爭執是非之事。

在地的方面——代表一半明亮、一半黑暗陰沈的地方。代表表面上或地上是高大美麗的建築，而地下是有暗溝或水坑的地方。亦代表外觀為豪宅，但內裡陰氣重，未必能住人的地方，亦代表美麗向陽的墳墓之地。代表有名的神壇之地。

在建築的方面——代表外表美麗，但窗多或門多的建築物。亦代表外觀裝飾繁複，有太累贅物品的建築物，亦代表巴洛克時期的建築物，還代表外觀是紅黑相間的建築物，更代表正面是紅色，而整棟大樓陷入陰影中或呈黑暗色的建築物。有名的廟。

在物的方面——代表紅色貨車、名人的戶口名簿，或男人多的家庭之戶口名簿，或是曬乾的五穀雜糧，或是隨便人吃、沒有限制的零食，流水席，剛畫好的符籙、遺失物、招領物、教鞭、盜竊物。

在疾病的方面——代表精神衰弱、腦神經緊張、脾胃不舒服、氣喘、心臟病、中風、咳嗽、暗疾、婦女病、水道疾病、內分泌問題，腸病、泌尿系統毛病、膀胱、腎臟的病症等，皮膚病。

陽巨在寅宮的形式

太陽、巨門在寅宮的形式，是『官星』與『暗星』或『隔角煞』同宮的形式。因此是非口舌、災禍不免。其人內心多計較、喜歡唸唸有辭，如果有人反彈，他也能即時認錯，暫時歇止，其人嘴巴是閒不住的，適合做保險、做經紀人、推銷員、或教師，以口才來生財是其人最覺愉快之事。**此形式入命之人**，起先還能做事勤

奮、有板有眼、多努力仍會成功，其人會對事業有興趣和專注。但中年以後，仍會沒勁怠惰。

當陽巨坐命寅宮的人出生之時，家中都會有一些是非、災禍發生。例如父親不在了（父親離家或逝世），或是父母和祖父母輩不和，或是家中遭逢不順或災難。因此陽巨坐命的人出生的時機並不是太好的。平常也常遭人白眼，但坐命寅宮的人，在先天性格上仍能寬宏不計較，而且在生活中也喜歡和別人吵來吵去來增加生活情趣。因此在他們的人生過程裡，不會和別人做永遠的敵人，也沒有永遠的朋友。縱使吵翻了仍有機會和好，因此他們也覺得人生沒有什麼大不了的，也沒有嚴重的事。除非『死』才算嚴重。

陽巨在寅宮的形式入財帛宮時，表示你會用口才來賺錢，也會大而化之，有時很計較，有時又滿不在乎的方式來賺錢和花錢，你

並不見得具有專業技術，常無技術，喜歡隨遇而安的碰運氣賺錢。你的命宮和官祿宮都是空宮，因此你在智慧和用心機上是少根筋的，故而不見得能賺到什麼錢，如果認真做上班族、薪水族，少換工作，仍是會有財運好的一天。

陽巨在寅宮的形式入官祿宮時，表示你能用口才能力做公職或薪水族的工作。更能做教書的工作，做老師或教授能高人一等。你在工作上很有競爭力，也具有智謀，也適合做政治界之政治人物或議員，競選公職、官職，也適合推銷物品。持續努力能創造大事業，步步擴大而走向成功。

此形式入運程中時，表示你周圍的男性或上司、老闆很喜歡和你哈啦聊天，或扯一些工作上的事，或挑剔一下你的工作，這種氣氛有時並不嚴重，好像開玩笑一樣，有時也會狀似認真的、正經討論，使你有些介意。此運中用嘴巴的機會多，講話多，八卦新聞多，也較好吃零食或美食。你會一邊講話、一面吃東西。更會毫不在意形象、邋塌一點也沒關係。此運中你也喜歡和家人或熟悉的朋友、同事，吵吵鬧鬧、鬥嘴或開玩笑，藉此來改變彼此的關係。此運中你也多是非口舌，或意外災禍，或有煩惱、計較之事在心中糾纏不停。此運適合用嘴巴賺錢。此運廢話多，小心讓別人很煩，懶得理你。

陽巨、陀羅在寅宮的形式

『陽巨、陀羅』在寅宮同宮的形式，是『刑官』加雙重隔角煞的形式，有雙重是非。此形式是乙年所生之人會遇到的形式。此形式代表天生較笨，但腦袋還想的多，會悶聲不吭的，自已躲在一旁，內心做文章，別人根本無法瞭解。等到做了很多笨事爆出來時，大家才知道其人有多笨、多沒用。此形式是知易行難的做事方法，會愈做愈複雜，愈想愈多，而無法完成工作，一事無成，**此形式入命宮時**，其夫妻宮為天同、太陰化忌，其福德宮有天機化祿、天梁化權、擎羊，都是內心煩惱多，百轉迴腸，頭腦不清而做笨事惹是非的，**此形式入財帛宮時**，表示賺錢的方式笨。**此形式入官祿宮時**，表示先天智商就不算聰明，因此會做粗重、不精細的工作。做軍警業或推銷、奔波送貨的工作皆可。但工作依然會有做做停停、不長久，或易行換工作的起伏狀態。**此形式入運程中時**，表示是笨運，會因為笨又小心眼，做事慢半拍被怨，或被罵，也可能被辭退。此運也易在感情上被嫌棄而分手。或是引起更多的口舌是非、爭吵、爭鬥不停，兩敗俱傷，得不償失。此運要小心傷災、鈍傷，為鈍器所傷，或頓足之傷，也要小心手足傷。要小心錢財不順及耗財。凡事都會拖拖拉拉做不太好。

陽巨、祿存在寅宮的形式

此形式實際為太陽化忌、巨門、祿存在寅宮的形式，是甲年生人所會有的形式。此形式中雖有祿存，有財星，但『祿逢沖破』、祿星被化忌沖破，故祿少或無祿、無財。而且有兩重是非及災禍。此形式因有祿存，故也為『羊陀所夾』，稱為『羊陀夾忌』之惡格。只要命盤上有此形式，則要小心在寅年遭災而亡。此災是男性所造成之災害，也易是工作上所造成之災害。亦要小心電擊、雷擊而亡。或為雄性動物所傷而亡。或是火災而亡。此形式入命、財、官、遷，皆其人頭腦不清、眼睛不好、腎臟較弱，也會膽小懦弱、小氣、吝嗇、孤獨、窮困，無工作能力，依靠家人生活，生命不長、易遭災而亡。

此形式入運程中時，三重逢合，大運、流年、流月、流日等三個條件重合在一天時，就易發生災禍而亡。應精算流運才行。

陽巨、火星或陽巨、鈴星在寅宮的形式

『陽巨、火星』或『陽巨、鈴星』在寅宮同宮的形式，此形式也是『刑官』及易遭災之形式。其中太陽居旺、巨門居廟，火星和鈴星也都居廟，因此火氣大、暴躁、衝動、易遭災，也易生火災、發燒、燙傷、車禍等災。如果三合宮位再有擎羊，則易有『巨火羊』之惡格，易自殺身亡。上吊或投水，有此形式在命、財、官、遷時，其人都有古怪的聰明和衝動，三分鐘熱度，做事不持久，會

工作做不長，也易換工作、改行，喜歡熱鬧、時髦、多說少做而無法有成就。亦容易耗財無法存得住錢財而窮困。

此形式入運程中時，會有突發的傷災、車禍、生病，或不順，偶有小偏財。要小心是非口舌引爆災禍，也要小心有自殺傾向。

陽巨、天空或陽巨、地劫在寅宮的形式

當『陽巨、天空』在寅宮時，其對宮申宮就會有地劫獨坐相照。

當『陽巨、地劫』在寅宮時，其對宮申宮就會有天空獨坐相照。

上述形式表示當環境中是空茫、劫空無物時，其人的頭腦空空，毫無智慧，不能創造事業，也無是非糾葛，更無競爭比較了。

因此有形式時，你會少煩惱，自然也少用腦子，自然也一事無成，毫無成就可言了。**此形式入運程中時**，也會頭腦簡單，什麼都不愛想，但也凡事不計較，一無所獲了。如果要破除此形式，便要想辦法多學習、多用腦子想、多做事，多付出，自然能改善了。

太陽化權、巨門化祿在寅宮的形式

『太陽化權、巨門化祿』在寅宮的形式，是辛年生人所有的形式。太陽化權居旺、巨門化祿居廟，是故其人能說善道，很愛向人推銷工作上的事，勸人投資做事業，但其人吹噓的能力較強，而實際工作能力卻不見得好，故會起起伏伏。有此形式在命盤上時，尤其要看辛年的文昌化忌在那一宮位出現。倘若在命、財、官、夫、遷、福等宮出現時，則其人註定了多說少做，人生起伏大，也未必有成就了。如果文昌化忌在閒宮，則其人仍有機會成功。要到中年以後才會好。

此形式在命、財、官、遷，都表示靠口才吃飯得財，但仍須做薪水族，不適合投資、做生意，以防有失。**此形式入運程中時**，表示對事業用心，喜做大事業，會說服別人來投資。也表示你能對男性掌握，能用甜言蜜語說服，亦表示此運做用口才的行業會大發。此運中你會競爭強，也好爭，會用花言巧語來爭，表面上看起來會聰明，有利於事業。但三合宮位中有擎羊相照，實際上能得財則是有一點的，而且是工作上所賺的為薪水之資，想得大錢仍是機會不多的。

太陽化祿、巨門在寅宮的形式

『太陽化祿、巨門在寅宮』的形式，是庚年所生之人會有的形式。因對宮中有祿存獨坐相照，故『太陽化祿、巨門』也會受其影響而變得保守，和財少、財小了。太陽化祿是工作上所得之資，也是男人給你錢賺，更屬公職或大機構體系工作之薪資。是故你只能由這幾方面去賺錢。有巨門同宮時，會用口才去圓滑的說服男性，在男性團體環境中巧妙的利用人際關係來競爭賺錢。但環境保守，只會賺一些固定的薪水，你適合和公家機關打交道，更適合做政治人物，但成就會到一個層次會停止。因為受祿存限制的影響關係，此形式在命、財、官、遷、福、夫等宮時，你都會言語圓滑流利，尤其對男性有說服力和親和力，能得到男性的認同，但易和女性不和。你仍會工作上有起伏，不見得做的長久。**此形式入運程時**，此

運可圓滑的競爭，也可用口才來說服別人放棄競爭而使自己得利。此運也好享受、好吃食或眼睛方面的享受。

太陽、巨門化權在寅宮的形式

太陽、巨門化權在寅宮的形式，是癸年所生之人會有之形式。雙星皆居旺廟之位，故巨門化權特強，會特別有說服力，及言語上的強制力量。別人也一定會聽，會順從。此形式尤其是對男性有厲害的強制力、主控力。**此形式在命格上時**，其人也善於利用顛倒是非來主控或說服別人，其人適合做行銷，很會賣東西，死的能說成活的。就算是睜著眼說瞎話，仍會有一些男性容易失去意志力被說服，所以這是個超厲害的形式。但此形式也會製造更多的是非，你一定要能控制是非的起源和整套流程，才能在運程中運用它。否則你也會深受其累。此運會勞碌、嚕嗦、好管閒事、挑剔別人，自找麻煩。適合做管理階層、教育人才、訓練別人，或品管人員為佳。做律師、法官、司法人員也很合適。

陽巨、文昌或陽巨、文曲在寅宮的形式

『陽巨、文昌』或『陽巨、文曲』在寅宮的形式，因文昌、文曲是陷落的，是刑官又增加暗星運作的格局形式，而對陽巨造成刑剋。此形式中『陽巨、文昌』代表外表粗俗、語言乏味、沒有內含、好說話，但會說粗魯不雅的話，而且腦子組織能力也不佳，計算能力不好，因此易為粗俗的小老百姓之命格。並且因計算能力不好，也會刑財，賺錢不多，享用也差，常會沒錢。流年逢之，財少、較窮。『陽巨、文曲』在寅宮的形式，代表好講話、口才又差，

常惹是非，腦子又少根筋，不用大腦講話。其人沒有任何才華，一生也易為能力不佳的小老百姓命格。流運逢之有言語是非，一生無法成名，容易受打壓。

陽巨、左輔或陽巨、右弼在寅宮的形式

『陽巨、左輔』或『陽巨、右弼』在寅宮的形式，是『輔官』，再加『輔暗』的格局形式。這表示會有雙倍或三、四倍以上的是非、競爭或災禍發生，來輔助事業的發展。而且你會一再重複的做相同的事情，也就是一再的失敗後，又再重頭做起。是故很辛苦，又很無奈。有此格局的人，常覺得有平輩的助力在工作上來幫忙他。但總是到了一個關頭，就產生是非災禍，又必須重新來過。此形式在命、財、官、遷等宮時，不斷的重新開始努力就是你的『宿

命』了。當運程逢到此運時，考試、升官、找工作皆不易，會重新再來過。此運在工作上的發展不大，反而有阻礙，要小心。這是一邊幫忙、又一邊扯後腿的形式。

陽巨在申宮的形式

太陽、巨門在申宮的形式，因太陽再下偏斜，只有得地的位置，而巨門仍居廟，故此形式中主要以是非、口才、爭鬥為主，心情是懶洋洋、提不起勁來的。此形式入命，或在命、財、官、遷、夫、福的人，多半做事半途而廢，常懶洋洋、精神萎靡，無法打起精神做事。一個月中精神好的時候，沒有二、三天，因此有此形式在命盤格式之中的人，成就都不會太大。主要是有此形式時，年輕時就開始怠惰了，還不會等到中年。一生中和男性的是非多，和女性的關係也不好，不親密。因此易為孤獨又無用的命格，常也容易靠人吃飯過日子。

陽巨坐命的人，因父母宮是天相陷落，故易出生在窮困家庭之中，一生多是非不順，人際關係不好。在申宮的陽巨坐命者，家裡會更窮，是非更多，不順也更嚴重。多半要三十歲以後才會慢慢變好。此命格的人，也是財、官二宮，和遷移宮、僕役宮皆為空宮，因此在人生中的變數太大。這都容易變成不好的狀況，而且其人在思想上易空茫，用腦不多，又懶散，奮發力不強，這是易為無用之人的原因。

此形式為財帛宮時，因你本來的環境就較窮，故也無太大太好的機會賺錢。會做做停停，工作不長久，偶而用口賺錢。你是『機月同梁』格的人，必須要持續做薪水族才能賺錢，也才能糊口生活。

此形式入運程中時，工作運還是有的，但會多一些麻煩瑣碎之事，或是多一些拉拉雜雜的事，此運中，你會內心計較多、挑剔多、內心有拉鉅戰，做事猶豫，但有時也會乾脆。此運中，你較好美食或養生之道。容易做事做了一半就放下去休閒一下再回來做。此運中你會好講話、停不下去，常開心完了又有些傷感。

陽巨、祿存在寅宮的形式

『陽巨、祿存』在寅宮的形式，是庚年所生之人會有的形式。**此形式中有太陽化祿、巨門、祿存同宮**。是『雙祿』格局，但工作之財祿，也被祿存會規格化、變小了。所以這仍是性格保守，有衣

食之祿的財，會兢兢業業的工作，有薪水之資來生活，並不會有大錢的格局的形式。**此形式入命宮時**，會努力工作、勞碌、保守、小氣、有男人緣、工作緣，做與口才有關的工作，但發展不大，也不喜歡做老闆，自覺日子好過就好了，並不會要求更大的賺錢機會的。**此形式入財帛宮或官祿宮時**，都是領上班族或薪水族的錢，不喜投資。會喜歡生活中的衣食享受，生活是一種小康而平順的生活。**此形式入運程中時**，表示生活保守、舒適，也會懶洋洋的，注重衣食上的享受或休閒養生活動。此運能進財，但也是固定、保守的錢財。

陽巨、陀羅在寅宮的形式

『陽巨、陀羅』在寅宮的形式，是辛年所生之人會有的形式。

此形式中有太陽化權、巨門化祿、陀羅一起同宮的形式。此處太陽化權只在得地剛及格的位置，比在寅宮為弱，巨門化祿在申宮為較強，陀羅在申宮居陷，因此有『刑官』、『刑祿』、多增是非，或使事情蹉跎，無法前進的煩惱。其人也會笨一點，做事拖拖拉拉，或壓制不做。在權力的應用上也未必好。因此財祿也會沒有想像的那麼多了。此形式在事業上雖看起來不錯，但仍會半途而廢，或做不長久。或是大話說的多，而無法實際執行的困難，**此形式入運程中時**，表示喜歡掌權管事，喜歡用嘴巴管人或指使別人，但會用笨方法，或笨觀念來管人、指使人，因此不一定管得住，別人不一定會聽。你在此運中會想做一些正事，但也會拖拖拉拉，有瑕疵或做的不完全很好。你也會在工作中一面玩樂吃食一面工作。

陽巨、火星或陽巨、鈴星在申宮的形式

『陽巨、火星』或『陽巨、鈴星』在申宮同宮的形式中，火星、鈴星是居陷的，因此更增災禍不吉或與邪惡的古怪聰明。**此形式入命宮時**，其人會臉色較白，也會有較偏激的想法與邪佞不走正道的行為。性格會衝動、急躁，凡事不耐煩，急急忙忙，脾氣不好。凡事要求快速、馬虎，喜歡追求新鮮、刺激、時髦，易無工作能力，自以為聰明，但為沒有實踐能力的人。**此形式在財、官二宮時**，皆為『刑財』、『刑官』的格式，容易常沒錢。偶而有工作，但也做不久。**在運程中時**，表示有火災，要小心，會在清晨三、四點鍾或下午的三、四點鐘會發生。也要小心車禍、血光、電擊或雷擊事件。乙年、壬年生的人，有擎羊在三合宮位出現，會形成『巨火羊』或『巨火鈴』之惡格，要小心自殺、上吊或投水之事。此運中

工作機會也不多，易做臨時工作，錢財也少，花費和耗財多。

陽巨、天空或陽巨、地劫在申宮的形式

『陽巨、天空』在申宮時，對宮寅宮有地劫獨坐相照。

『陽巨、地劫』在申宮時，對宮寅宮有天空獨坐相照。

因此凡有以上形式在命、財、官、遷時，都會頭腦不實際、不太用腦子，也缺乏競爭心和競爭原動力，因為環境中就很空茫。他自己也搞不清楚要努力什麼，或是應該要得到什麼目標才是好的。此形式唯一好的，也是少是非，或也不喜歡多嚕嗦，也不會和人講廢話了，但會東漂西蕩，人生沒有目標。最後在宗教團體中生活，為最後歸宿。**此形式在命、財、官、夫、遷、福等宮出現時**，皆錢財少、工作能力不強，工作時期不長，更易不婚，易沒有婚姻也無

事業，工作也做不長，人生也無目標。**此形式入運程中時**，表示會一無所得，會一事無成。會頭腦不實際、什麼都不想，是非少，也不計較，也易無錢，財運不好，易失去工作，凡事無所謂，但會過苦日子。

太陽化忌、巨門在申宮的形式

太陽化忌、巨門在申宮的形式，是甲年生的人所有的形式。其對宮（寅宮）有祿存獨坐相照，因此也會形成折射的『羊陀夾忌』之惡格。在申年或寅年都要小心有意外死亡之災。更要小心有男性參與的災禍問題。

此形式是『刑官』刑到極點的形式，因此會不做工作還好，一做事就有是非或官非，易被告、打官司，亦會有工作上之生命危險。此形式入命、財、官、遷等宮，皆頭腦不清、思想混亂，頻招惹是非。且壽短、外形孤寒。此形式入運程中時，要小心三重逢合，就是生命招災消毀的時間點了。

陽巨、文昌或陽巨、文曲在申宮的形式

『陽巨、文昌』或『陽巨、文曲』在申宮的形式中，文昌和文曲在申宮居得地或居旺。因此都算有利的、好的。**『陽巨、文昌』在申宮的形式**，是外表斯文、計算能力還不錯，有文質的、精明的思考能力，很會講話，講話做事都很有條理，會思考清楚，因此此形式是『旺官』的形式。此形式也會使口才變得較正面，會分析事務、得人尊重。**在運程上也算是好運**，再有祿星在折射、同宮或三合、四方宮位出現時，會有折射的『陽梁昌祿』格，亦能以讀書方

式增高學歷，而使人生層次增高的。

『陽巨、文曲』在申宮的形式，會口才能力好、能說善道，且才華多，又善於歌舞、韻律、才華豐富。一生中周圍較熱鬧，能聚集人氣、桃花多。但口舌是非也多，不過有此形式的人是不怕的，愈亂愈好，愈熱鬧也愈好，可混水摸魚，錢也會多，享受也會多。**在財、官二宮**，此形式也代表賺錢能力會增強，賺錢機會會增多。**此形式入運程中**，代表鬧哄哄的，很吵鬧，愛表現與表演，好事、壞事都摻雜著，但好事會比壞事稍多一些。

陽巨、左輔或陽巨、右弼在申宮的形式

『陽巨、左輔』在申宮時，午宮就會有同陰、右弼同宮。

『陽巨、右弼』在申宮時，午宮就會有同陰、左輔同宮。

『陽巨、左輔』或『陽巨、右弼』在申宮的形式，都是『輔官』也是『輔暗』的形式，所以會愈做是非愈多，或麻煩、災禍愈多。而且在午宮的同陰是『輔窮』的形式。也就是說這邊愈做愈麻煩，愈有災，那邊就愈窮。所以此形式是『刑官』的形式，倒不如還別做比較好。

第五章　太陽在『命、財、官』、『夫、遷、福』對人之影響

第一節　太陽在『命、財、官』對人之影響

太陽星在人命中是非常重要的星曜。我們通常在算命時，都以紫微星為層次最高的、最尊嚴、高貴、吉祥的一個代表，但實際上紫微是定命盤格式的基礎，定命理模式的格局變化。太陽星才是主宰一個人命運的好壞、快樂或悲傷在人生中長短比例，以及前程夠

不夠高遠的關鍵星曜。

『命、財、官』等宮位是人命格和命運的主體架構，自然以太陽星在此主體架構中影響人最深遠的了。

太陽要影響人的關鍵，第一、要看旺弱廟陷。第二要看是單星或雙星的形式。第三要看太陽所在的宮位與移動的方式。

太陽是『官星』，在人的命格與命運中就代表智慧、能力、競爭力、奮發力、權力、控制力、處置力、制裁力、管理力、約束力。在工作、事業上代表名聲、官聲、榮譽、高成就與人生成果的力量。所以我們只要觀看該人的命盤上，太陽在那一地支宮位，就知道太陽在人命中運行的軌跡了。尤其當太陽又處在『命、財、官』等三合宮位上時，你事業的模式大小和人生的結果及成就，大致上已描繪得很清楚了。

例如說：太陽在命宮，就表示你這輩子是以工作為目的的，也表示你生命、精力是和太陽息息相關，也受太陽主導的，你一生很操勞像太陽一樣，『天行健，君子以自強不息』的過日子。日出而作，日入而息。**太陽居旺坐命的人**不太能熬夜，太陽居旺坐命的人，又以白日生人為佳，會受太陽磁場的影響，也會受太陽光照時間長短的影響。例如日照長的人就運氣好一點，日照短的人會運衰一點，如冬至過後生的人，運氣就差一些了。

太陽居陷坐命的人，以夜生人主貴，但錢財仍未必順利，會財不多。此形式的人常精神混沌，做事提不起勁來，也喜歡熬夜，或日夜顛倒，長久以往，身體也會不好了。太陽居陷坐命的人，常易心中煩悶。此種命格的人，也須多曬太陽，以增加太陽磁場的能量。最好作息也以太陽運行的位置為主，多在白天工作、活動，夜

間休息，養成規律，你的運氣才會好。

太陽出現在人命格之中時，是太陽單星形式出現比雙星形式出現時好的，因為太陽單星形式時，不論旺陷，在其人『命、財、官、遷』等四個有關宮位中，最多也只有一個空宮在財帛宮或官祿宮出現，而太陽雙星形式時，就會有兩個以上，甚至有三個以上的空宮，這樣一來，就會對其人的事業和打拚能力有很大的阻礙了。主要發奮力不足之故，其人也容易思想搖擺，猶豫不決，拿不定主意，情緒波動大，這些都對人生成果有傷害力量。就像日月坐命的人，有財帛宮和遷移宮是空宮。陽梁坐命的人，有遷移宮和官祿宮是空宮。陽巨坐命的人更離譜，有遷移宮、財帛宮、官祿宮、僕役宮都是空宮。所以他們的人生資源少，須要不計較的自己勞力和努力，用時間、空間去換取成功和錢財。但是這些命格的人，通常是多重勞碌，但努力不足的人，而且人生方向目標很模糊，因此要達成什麼的目標與成就，就根本無法預期了。

太陽在財帛宮時，也是一樣，要太陽居旺，在錢財用度上也才有充裕和順利，要賺就有的賺，機會較多，不會被錢所苦。太陽陷落在財帛宮時，都和窮困脫離不了關係，也會花錢沒節制，多耗財，或根本不會理財，自找麻煩。同樣也是太陽單星在財帛宮時比太陽雙星(日月、陽梁、陽巨)在財帛宮為佳。

因為太陽雙星在財帛宮時，**如日月在財帛宮**，則其人的福德宮和官祿宮是空宮，表示財的來源不好，事業又多變化、空茫，人生目標常變化，拿不定主意，人生結果也會不一樣。

當陽梁在財帛宮時，其人會有命宮和福德宮為空宮，會財的來源少，頭腦較空茫、不實際，是本命財少的人，因此要靠長輩和貴

人來介紹工作，或長輩賜財，才會有生活之資。

當陽巨在財帛宮時，其人命宮、官祿宮、福德宮、父母宮皆為空宮，其人更是嚴重的財少，財的來源很拮据乾枯，從小與父母的緣份也不強，可能亦無父母及長輩照顧，官祿宮為空宮是腦子常空茫，奮鬥力和目標都不明顯，家人朋友也無助力，所以財運也是不明顯的，而且會競爭和是非的錢。

太陽在官祿宮時，也是單星形式比雙星形式好，更以居旺形式居於官祿宮為適得其所，有事業上之大成就。尤以太陽在辰宮、巳宮、午宮為官祿宮時，最為主貴，人生會有高峰。

太陽雙星形式在官祿宮時，如日月在官祿宮，其人命宮和夫妻宮為空宮，而財帛宮又是天梁陷落，無貴人扶持幫助的狀況，故工作為浮浮沈沈、起伏多端，本人心思空茫、不實際，也會工作做不久，常轉行，或停滯不做。所以事業是賺一點糊口之資而已的工作。

當陽梁在官祿宮時，其人的財帛宮和夫妻宮是空宮，其人就必須本命好，本命帶財，事業上就自然生財了，因為其人夫妻宮所代表的內心，也是空茫無目標的，所以要小心自己的情緒，不要太過波動，否則即使有貴人相挺，事業或工作也仍會波動不穩定的。

當陽巨在官祿宮時，其人的命宮、財帛宮、夫妻宮、子女宮皆為空宮，這表示頭腦空空、內心沒什麼想法，也完全沒什麼才華，手上也空空無財。因此你會賣弄聰明賺一點小錢。事業上的發展不大。

太陽如果居陷在『命、財、官』之中，能形成『陽梁昌祿』格的人，可藉由讀書考試、升等、升級，往上爬，而可走向主貴的道路。如果無法有『陽梁昌祿』格的人，則容易升遷管道不順暢，事業的前途及成就不大了。

當太陽居陷在『命、財、官』等宮時，不論是單星形式或雙星形式，其實全都是『刑官』色彩的形式。而且其人一定會內心悶悶、話不多，不想表現，也害怕別人注意他，很內斂自閉，也會工作怠惰做不久。

第二節　太陽在『夫、遷、福』對人之影響

太陽在夫妻宮對人的影響

太陽單星居旺的形式在夫妻宮

太陽單星居旺在夫妻宮時，表示女子會嫁事業運好、有成就、肯上進、性格開朗爽直、正派的丈夫。男子能娶到好相處、寬宏、不計較，如女中丈夫般擔當大任的妻子。因此你們在婚姻上運氣很好，相處愉快，家運能蒸蒸日上，配偶能相互扶持，婚姻生活愉快。此形式的夫妻宮代表：在你的內心中是大而化之、不計較、心地光明如日月般皎潔、不會做偷雞摸狗的事情，能光明磊落、坦蕩

的過日子。你的心態是光明面，未來也會帶給你的生活積極進取，並開心過日子，很受人敬重羨慕。

太陽單星居陷在夫妻宮時，表示你會找到性格悶、內斂，在外表現能力不佳、性格會內向，或是易躲在人後，不喜歡在檯面上炫耀，也無法獨當一面的配偶。最重要的，你會找到事業運不佳或不顯要的配偶。這同時亦表示你自己本身內心中就是一種不喜歡別人太注意你，喜歡躲在人後或暗處，默默的工作，或競爭力不強，爭不到什麼東西也沒關係，常常做事易放棄，或時常會懶洋洋提不起勁來的人。有這樣的夫妻宮時，你先天上的競爭力已削弱了，所以你會找一些簡單的、或別人介紹的工作來做，不會積極開拓競爭，也不想打拚的太難看。

太陽雙星形式在夫妻宮

日月在夫妻宮時

太陽、太陰在夫妻宮時，你是機巨坐命的人。你會心情陰晴不定，變化多端，常晴時多雲偶陣雨，讓人摸不著頭腦。也會一會兒歡喜、一會兒憂，似乎有歇斯底里症。夫妻宮在丑宮的人，是太陽陷落、太陰居廟，很喜歡談戀愛，但戀情都不長久。感情上又容易受傷，但復元得很快，又繼續談戀愛。戀愛多並不一定會結婚，有時也只有同居關係。戀愛會影響到你的工作、事業。最後你仍然會找一個和你大致一樣的性格內向、話不多、事業不佳、事業運晦暗，但可賺一點薪水之資的配偶。你也容易戀愛結束了，工作也沒了。

夫妻宮在未宮時，太陽居得地之位、太陰居陷，這表示你會擁有事業看起來有發展，但賺錢不多、有些窮的配偶。同時在你的心中會不重錢財、重事業，或是用情少、理智性較強。做薪水族努力工作，仍會有足夠的衣食生活用度。

陽梁在夫妻宮

太陽、天梁在夫妻宮時，代表配偶的年紀比你大，代表有年長之妻或年長之夫會照顧你。**在卯宮時**，配偶會有名聲和大成就，能帶給你安定的生活和照顧。也會心地寬宏慈愛的照顧你，並讓你也能共享榮耀。**在酉宮時**，配偶事業運不強，會有些怠惰、工作不起勁，他對你的照顧也不算好，因此你的家庭較窮。這同時也表示在你的內心就是一種不積極、隨便就好，有飯吃就不錯了的感覺。你會不計較自己或配偶過貧窮的日子，或自己和配偶的事業不佳也沒關係。你會較愛玩或吊兒鋃鐺的過日子。

陽巨在夫妻宮

太陽、巨門在夫妻宮時，代表配偶年紀比你大，也代表你們夫妻間或男女朋友時就很會吵吵鬧鬧、不停止，有時候是用開玩笑，有時候也會有爭執，但吵一下就好了。你和你的配偶都愛講話、口才好，你的配偶也會靠口才來賺錢工作。你就是喜歡口才好的人，才會和他結婚或戀愛。口才不好的人，你都會覺得太笨。你和配偶一直過著打情罵俏的生活而不厭煩。如果有一天彼此無話可說了，就真會離婚了。

太陽在遷移宮時

太陽單星形式在遷移宮時

太陽單星居旺的形式在遷移宮時，表示你周圍的環境十分陽光燦爛、美好。你周圍的男人多，陽剛氣盛，男人會喜歡你。你會注意事業，或具有大男人主義，但你也特別和溫柔體貼的小女人相吸引。你一生會注重學問、功課和事業。你一生會心胸開闊、爽朗，有生命力，過得很快活，常會遇見好事，也能名聲遠播，在男性社會團體中有競爭力，有自己專業的能力來工作賺錢，過舒服的日子。

太陽單星居陷的形式在遷移宮時，表示在你周圍環境中就是一種『刑官』色彩的環境，你喜歡躲在人後，或檯面下，不喜歡露臉或表現，喜歡待在幕後，在你的人生中一定有一段時間會很晦暗，運氣不好。你會在男性社會團體中競爭力差，你也容易心胸鬱悶、不開朗，容易中年怠惰，工作時間不長。如果有『陽梁昌祿』格的人，仍會有出色的成就，能在學校教書，或做學術、文職工作，如無貴格的人，人生層次較低，亦可能一事無成。

太陽雙星形式在遷移宮時

日月同宮的形式

日月同宮在遷移宮時，你是空宮坐命的人，**在丑宮**，遷移宮的太陽居陷、太陰居廟。表示你會和女性較親密，和男性較不合。表示你周圍的環境，包括你出生的家庭，都是名氣不大的小康之家，會靠薪水或略有一點資產來過日子。在你的家中或環境中男人少，或男性不吭聲，或男性事業差，女性較強勢。你也適合做上班族，或在學術或科技公司工作賺錢，工作會平順，但你本身是情緒不穩定的人，情緒會影響到你得財的狀況。

在未宮，遷移宮的太陽居得地之位，太陰居陷。這表示在你的周圍環境中你與男人較親密，與女性較不合。你也會環境中較窮、財少，必須工作才有錢生活。你會一生忙碌工作，又不重錢財，理財能力不好，但有工作就有飯吃，會有專業能力來過平順之生活。

陽梁同宮的形式

陽梁同宮的形式在遷移宮時，你是空宮坐命的人，**遷移宮在卯宮時**，太陽、天梁皆居廟。表示你周圍的環境中男人、女人、老老少少都對你好，很喜歡你，愛照顧你，你周圍的環境也會是個名聲響亮、知識、道德水準皆高的環境。因此你會出生在有名望、有地位、有祖蔭的家庭之中。如果你的命宮有天空獨坐酉宮時，這就是『萬里無雲』格，有出世的榮華，和慈愛、博愛、救世的人生。國父孫中山先生就是此命格的人。因此一生多遇危難，都會有貴人相助而完成理想。故有此形式成為遷移宮時，其人也會有超高的理想來完成。亦能創造響亮萬全的名聲。

遷移宮在酉宮時，太陽居平、天梁居得地之位。你周圍的環境就比前著差很多了。你會在男性社會團體無競爭力，也會未到中年已怠惰。此命格的人易做漂蓬之客，到處飄蕩，生活不安定。貴人也不一定有力的幫助你。你宜過閒雲野鶴韜光養晦的日子。否則會一生起伏不安定且多災。

陽巨同宮的形式

陽巨同宮的形式在遷移宮時，你也是空宮坐命的人。**遷移宮在寅宮時**，太陽居旺、巨門居廟。表示你周圍環境中多男性化的競爭。你也易和男性有口角爭執。你容易和人一會兒吵吵鬧鬧鬥嘴，一會兒又盡棄前嫌又好了。好像不計較，其實又常計較。你周圍多是非口舌，從不停歇，你也會為這些是非忙碌，若有一天停了下來，你還會不習慣呢！

遷移宮在申宮時，太陽居得地之位，巨門居廟。你周圍的環境會是非口舌更多，你本身口才好，只是並不一定和男性相合，你會特別和男性有爭執，多放開心胸，你會生活愉快一些。

太陽在福德宮時

太陽單星居旺在福德宮時

太陽單星居旺在福德宮時，表示你天生想得開、性格還算開朗，你會智商高、性格寬宏，也會大而化之不計較。該享的福你都會享得到，你會和男性特別有緣，你的智商高，也會有祖蔭在保護照顧你，未來升官加薪時，就有神明、祖先在照顧你了。

太陽單星居陷在福德宮時

太陽單星居陷在福德宮時，表示其人天生在性格和思想較晦暗、不開朗，也喜歡鑽牛角尖，性格悶，也會不穩定，智商較低。福德宮又是財的源頭，故有太陽居陷時，表示財的源頭晦暗，故命中就會財少了。一生所能享的財祿也少了。會窮命、觀念也窮。一生就難富裕了。

太陽雙星在福德宮時

日月同宮的形式在福德宮時

日月同宮的形式在福德宮時，在丑宮出現，你會性情陰晴不定，情緒多變，天生性格較浪漫，喜羅曼蒂克的想法和觀念。因此你會重情不重理。你也會隨性而為，不喜歡照規矩或守戒律。你命中有一些財，但你未必工作賣力。你會和女性親密，和男性略有不合。

福德宮在未宮時，你亦會陰晴不定，情緒多變，但喜歡講理而薄情。你也會天生命窮一些，但喜愛工作。有工作也會有衣食平順的好處。你會和男性相合，和女性關係差一點。你一生會享受名聲多一些，享受財祿少一些。

陽梁同宮的形式在福德宮時

陽梁同宮的形式在福德宮時，**在卯宮時**，你天生能享受別人的照顧的福氣，你會較懶，你是同巨坐命丑的人。你也會在錢財上受到長輩或貴人的幫助而有錢花。倘若能形成『陽梁昌祿』格的人，會享受長輩、貴人的好處更多，能得到更高的智慧和知識來享受生活。無貴格的人，也能佔些生活上的小便宜。有此福德宮的人，會有些小脾氣，但本性善良寬宏，也能體諒人的，你仍能過穩定、享受好的生活。

此形式在酉宮時，表示你天生易漂泊，生活會不穩定，你一生中的貴人少，受照顧的機會有一點，但並不多。你也不一定喜歡得到別人的幫助，你亦容易中年怠惰而不想工作。你天生命窮，也無法有長輩給你錢花用，因此你會人生起起伏伏，不知所終。

陽巨同宮的形式在福德宮時

陽巨同宮的形式在福德宮時，在寅宮時，你是表面上陰柔、溫柔、小鳥依人，性格很女性化又愛享福的人，但內心或思想上，卻

十分男孩子氣、豪爽、乾脆、有時又挑剔、計較、嚕嗦，喜歡比較或好爭，愛吃醋。你天生很會講話，能用口才來騙倒眾人，尤其是說服男性很有一套。因此你愛異性來給你服務。倘若別人服務不好，你就會生氣而想換人了。

在申宮時，你天生和女性或男性都不合或不夠親密，和男性更是非口舌多，你會為一些公事和男性不合。有時你並不一定要和他們爭吵，你只是要和他們說一下，或討論一下，但男性就有不好的態度出來，你也很不高興。你內心也多計較和挑剔，更多煩惱，更會想讓一些事情模糊好混過去。你是看起來口才好，但並不一定想說出來，不一定想表現的人。

第六章　太陽在『父、子、僕』、『兄、疾、田』對人之影響

第一節　太陽在『父、子、僕』對人的影響

太陽有陽光熱烈的照射大地，地球上陰暗之物無所遁逃，太陽是無所不照、坦白無私的光線也具有穿透力，故凡太陽入命，或在六親宮中，都對六親中之男性親屬有刑剋作用。這種刑剋，是一種管束作用，但仍要小心有磨擦不合，太陽在『父、子、僕』等宮位

出現時，表示在父母宮、子女宮、僕役宮，這些宮位中父親、兒子、男性朋友、男同事，男性師長對你的關係是重要的，影響大的。你會容易在男性社會中或團體中加入競爭行列。但須有太陽居旺時，你才真正具有競爭力，若太陽居陷時，你依然無法進入男性社會團體加入爭戰行列。

太陽在父母宮時

太陽單星居旺在父母宮時

太陽單星居旺在父母宮時，表示你的父母性格開朗、嗓門大，性格爽直熱情，表達感情的方式很熱烈。你是在一種具有開朗熱情

的環境中生長的人。因此你會思想開放，勇往直前，凡事不計較。父母對你的愛很直接，像太陽一樣的揮灑，因此也會養成你也有博愛的觀念，較不會吃醋、嫉妒。此形式也代表父母的工作還不錯，事業很好，或有名聲或成就，未來你也會像父母一樣努力工作。另一方面表示你和父親或男性長輩既親密又有些距離。這些男性長輩和父親會用男性威嚴的態度來對待你，你和他們之間仍會有一些摩擦或稍有敵對現象。此形式在父母宮時，也表示遺傳因子不錯，可有好的子孫出現。

太陽單星居陷在父母宮時

太陽單星居陷在父母宮時，表示你的父母性格悶、少跟你開口說話聊天，父親的事業也會較晦暗或普通，沒什麼成就。你和父親的關係也不算親密，未來你和長輩、上司之間也都不會有太好的交情。你會生長在一個不富裕，或沒什麼家世背景的家庭之中。

太陽雙星在父母宮時

日月在父母宮時

太陽、太陰在父母宮時，在丑宮，父母性格多變，時好時壞，你會摸不著頭腦。你會和母親較親密，和父親較不合、緣份淺。在你的家庭中，父親是沈默話少的人，而母親會掌權管事，經濟大權在母親之手，故你少和父親打交道，而是和母親較和睦。你們家是家道小康的家庭。

在未宮，你家父親較強勢，父親也和你相合一些，母親反而與你不合，父親工作還不錯，但家中不富裕，家窮。未來你也要小心腎臟、膀胱，及婦女病，生殖系統的問題。

陽梁在父母宮

太陽、天梁在父母宮時，**在卯宮**，會得到父母細心照料，父母會認真教養子女，使子女成材。此形式中父親和母親都是該人的貴人，又會用很多愛心、不計較、肯犧牲的心態來照顧子女，一直把子女推向高成就的地位層次。並且父母本身就會是具有好名聲、高地位的人。**在酉宮**，會父親不在了，或緣淺，不親密，而和母親親密。父親也會是平凡無成就之人，或靠母親獨自養大。父母對子女的照顧，只有衣食而已，很普通，不算很好。

陽巨在父母宮

太陽、巨門在父母宮時，**在寅宮**，父母都是大嗓門、沒心機的人，愛彼此爭執。有時候很熱鬧，並不一定不合。父母會太擔心你而嚕嗦、挑剔。但你與父母間不能溝通，你會嫌他們煩。**在申宮**，父母爭執更多，對你嚕嗦、挑剔更多，你會逃避，少見他們為妙。

太陽在子女宮時

太陽單星居旺在子女宮時

太陽單星居旺在子女宮，會生四、五個子女多，兒子多，亦表示子女的事業好，會有出名的，有特殊成就之子女。亦表示你的才華能得以發揮能出名。子女的性格開朗活潑，未來會奉養你。

太陽單星居陷在子女宮時

太陽單星居陷在子女宮時，子女有二、三人，子女是性格悶、內向、不開朗的人。也會兒子較多。未來子女成就會不顯著。你本人的才華也無法發揮或出名。未來你和子女的關係不親密。

太陽雙星形式在子女宮時

日月在子女宮時

太陽、太陰在子女宮時，**在丑宮**，子女中兒子與你不親密，而女兒與你較相合親密。子女性格會情緒起伏大。你不太能懂他們。

子女未來在賺錢方面稍有發展，在事業上會有起伏、不穩定的狀況。**在未宮**，你與兒子感情稍好一些，與女兒不合，或無女兒。你的子女將來會主貴，能工作但賺錢少。你本人也會在賺錢方面才華略少一些。

陽梁在子女宮

太陽、天梁在子女宮時，**在卯宮**，子女多，有四、五人，兒子、女兒都會有成就。子女是乖巧聽話、好教養的人。未來你自己的才華也能得以展現而出名，子女將來也都是有名氣、地位、高知識水準的人。**在酉宮**，子女中兒子較無用，女兒較乖巧，會有成就。子女少，有二、三人。未來只有女兒會幫你的忙，你會對女兒較好，對兒子懶得管。

陽巨在子女宮

太陽、巨門在子女宮時，**在寅宮**，子女二、三人，子女愛吵吵鬧鬧很熱鬧，子女間也會彼此競爭或爭執，多口舌是非，但不嚴重。**在申宮**，子女間多爭鬥，也易不合，子女間相互感情差，也易有同父異母或同母異父的兄弟姐妹來相爭吵、不合。

太陽在僕役宮時

太陽單星居旺在僕役宮時

太陽單星居旺在僕役宮時，表示朋友中多博愛及性格開朗、重視事業及家庭的男性之人。亦表示你適合用男性的部屬工作，會對

你有幫助。更表示你的朋友中都是事業成就好的人。或是有工作能力的人，而且他們會很理智、公平的處理事情，會在事業上帶給你更多益處。

太陽單星居陷在僕役宮時

太陽單星居陷在僕役宮時，表示朋友中多事業不順的人，或事業晦暗，工作能力不強的人。朋友中也多性格悶不開朗、內向、話不多的人。你用來用去都是這些能力不強的人。你也要小心這些會幫你戳蹩腳，對你沒幫助反而有害。

太陽雙星在僕役宮

日月在僕役宮時

太陽、太陰在僕役宮時，**在丑宮**，你的朋友多半是情緒不穩定、性格多變脾氣不好的人。而且在這些人中，男性會能力差、性格悶、事業不好。女性是較財多，對你有情有義的人，也會幫助你。你適合在晚間和朋友聯絡感情。你的朋友也多半是上班族和薪水族的人。**在未宮**，你的朋友多半是公職人員，或薪水不多的人。男性對你有利，女性會使你耗財，賺不到錢。

陽梁在僕役宮

太陽、天梁在僕役宮時，**在卯宮**，表示你你的朋友多半比你年紀大，而且不管男人或女人都會照顧你，教導你，成為你的貴人來幫助你。因此你會學到很多做人的道理，以及賺錢的技術。你會靠人際關係而大發。你的朋友也多半是有名的人，和地位高，或知識水準高的人。未來你也能擠身名流之列之中。

在酉宮，你的朋友多閒雲野鶴之人，或多韜光養晦之人。他們已不太做事，只在過休閒生活。因此對你的幫助並不大，女性友人對你還是有一點小幫助的。

陽巨在僕役宮

太陽、巨門在僕役宮時，**在寅宮**，你的朋友或部屬常相互爭鬥或爭執不休，常需要你出來調停。你也喜歡管朋友的閒事，因此會很忙又很煩心，多用口舌來擺平。朋友未必對你有幫助。朋友間常是政治性的鬥爭鬥不停。**在申宮**，朋友間是非爭吵多，彼此不相讓，你根本也不想管，也管不了，會隨他們去，而自己躲起來。

第二節　太陽在『兄、疾、田』對人的影響

太陽在兄弟宮時

太陽單星居旺在兄弟宮時

太陽單星居旺在兄弟宮時，表示家中兄弟多，可有四、五人。而且兄弟個個性格豪爽，會互相幫忙、講道義。兄弟間也有事業成

就高，又有名氣、地位之人，會相互扶持，兄友弟恭，感情很深。

太陽單星居陷在兄弟宮時

太陽單星居陷在兄弟宮時，表示家中兄弟不多，但也能有二、三人，兄弟是性格悶、不多話，和你也不親密的人。兄弟在工作上的能力與成就也不好（會沒你好），你們相互之間的助力少，也許也不溝通，感情較淡薄。

太陽雙星形式在兄弟宮

日月同宮的形式在兄弟宮

太陽、太陰同宮的形式在兄弟宮時，**在丑宮**，你會和姐妹較親

日月機巨《上冊》

密，和兄弟較淡薄。你的姐妹對你有情，也會有通財之義。兄弟和你少溝通，情份薄，也相互幫助少。**在未宮**，你和兄弟的互動較多，和姐妹不合。未來兄弟會幫助你，姐妹則不太理你。你的姐妹也會較窮。

陽梁同宮的形式在兄弟宮

太陽、天梁同宮的形式在兄弟宮時，**在卯宮**，家中有長姐、長兄來維持生計，或照顧你，你一生都受長兄、長姐的照顧與幫助，彼此親密來往，十分好命。**在酉宮**，家中有不太負責任的兄弟姐妹，感情不深，姐妹還對你好，勉強有幫助，會相互照顧。兄弟的情份就差了，只有你幫助他了，他未必會幫助你。

陽巨同宮的形式在兄弟宮

太陽、巨門同宮的形式在兄弟宮時，**在寅宮**，兄弟間多爭執、吵吵鬧鬧、是非多。兄弟姐妹也口才好、愛講話，你根本吵不過，也說不過他們，只有讓他們而已了。**在申宮**，兄弟間吵得更凶、更冷淡，可能不太來往。兄弟的工作能力也不強，但口才犀利，你根本不想惹他。兄弟是好吹噓，不實在之人。

日月機巨
《上冊》

太陽在疾厄宮時

太陽單星居旺在疾厄宮時

太陽單星居旺在疾厄宮時，表示健康狀況很好。但要小心頭痛、高血壓、心血管、腦神經的毛病，也要小心小腸、大腸的問題。以及緊張失眠的狀況，要多保養眼睛，及肝旺腎弱的問題。

太陽單星居陷在疾厄宮時

太陽單星居陷在疾厄宮時，眼睛不好，要小心瞎眼失明，以及腎臟衰弱的問題，心臟病、腦中風，大腸、小腸的問題。以及生殖系統的毛病。

太陽雙星形式在疾厄宮

日月在疾厄宮

太陽、太陰在疾厄宮時，**在丑宮**，要小心頭風或感冒、頭痛，或肺部、氣管不好，腎臟、膀胱有問題，以及下半身寒涼、生殖系統有問題。女性有婦女病，男性也要小心腎虧或泌尿系統的問題。以及生殖系統的問題。

陽梁在疾厄宮

太陽、天梁在疾厄宮時，**在卯宮**，要小心腎臟病、皮膚病、糖尿病、腦溢血、高血壓、腹內有寄生蟲，內分泌系統的毛病、水道系統的毛病、婦女病、生殖系統的毛病等等。**在酉宮**，仍是腎臟、膀胱的問題。以及腦中風、高血壓、內分泌問題，生殖系統的問題。

陽巨在疾厄宮

太陽、巨門在疾厄宮時，**在寅宮**，主腦病、腦溢血、高血壓，頑癬、皮膚病、氣喘病、脾胃有問題，眼目之疾、腸疾、膀胱、腎臟不好。**在申宮**，要小心眼病、大腸的問題，下半身寒冷、生殖系統的毛病，脾胃的問題，氣喘、肺病，氣管炎、心臟病等。

太陽在田宅宮時

太陽單星居旺在田宅宮時

太陽單星居旺在田宅宮時，表示家業龐大、房地產多，而且家業蒸蒸日上，會愈變愈多。你很適合買房地產來存錢，你會是富有的財主之人。你的財庫很豐厚又牢靠，因此會家財多。你的家人都是心胸開闊、又開朗的人，彼此相處愉快，家中仍傳統的以男人為主，只要沒羊、陀、火、鈴、化忌、劫空等星入內，都會存的住錢，此形式為女子的田宅宮時，也會子宮很健全，能生很多小孩。如有羊陀、火鈴、化忌、劫空同宮時，子宮會有問題，要開刀或無法生育，其人家財也會少，房地產留不住了。

太陽單星居陷在田宅宮時

太陽單星居陷在田宅宮時，表示家業不多，且易漸漸減少退去，你的家中不太有錢，也許更窮困無財。你家中的人也會是悶不吭聲、很內向、內斂的人，常常彼此少溝通連絡。倘若再有羊、陀、火、鈴、化忌、劫空同宮時，會無家產，而家窮，存不住錢，會為錢財煩惱不休。家中也多爭鬥不合，難有好日子過了。女子有此田宅宮時，要小心子宮有病變，會開刀或摘除，而不能生育。

太陽雙星形式在田宅宮

日月在田宅宮

太陽、太陰同宮的形式在田宅宮時，**在丑宮**，你易住暗紅色或古舊的房子，你的家中房地產不多，但存款多，還算富裕。你家中的人，男性較性格悶、內向話少，少表現。女性較活潑、人緣好，女性陰柔，不愛理人。有羊、陀、火、鈴、化忌、劫空同宮時，都有刑剋而財少，留不住了。

陽梁在田宅宮

太陽、天梁在田宅宮時，**在卯宮**，你會住紅土色的房子，家產眾多，父母會留大批房地產給你，家中有長輩照顧，家中也會住美麗的房子，存款也會存很多。有羊、陀、火、鈴、祿存、化忌、劫空同宮時，有刑剋，家中也無長輩照顧，房地產少，亦無存款了。會較窮。**在酉宮**，房地產不多，最多一棟，多半是休閒式樣的裝璜，你家中不算富有，家中也常無人照料。有羊、火、鈴、化忌、劫空同宮時，無房地產，會較窮，生活不易。

陽巨在田宅宮

太陽、巨門在田宅宮時，**在寅宮**，房地產多。但也會為房地產爭執、爭吵，你的家人多爭鬥吵架、不安寧。但你仍會愈搞愈多。

在申宮，房地產有一些，不算多，家中鬥爭更激烈，吵太凶會存不住錢。有陀羅、火鈴、化忌、劫空同宮時，會房地產少或無，亦會家窮。女子的田宅宮有刑剋時，子宮有病變，易開刀或切除。

命理生活新智慧・叢書23

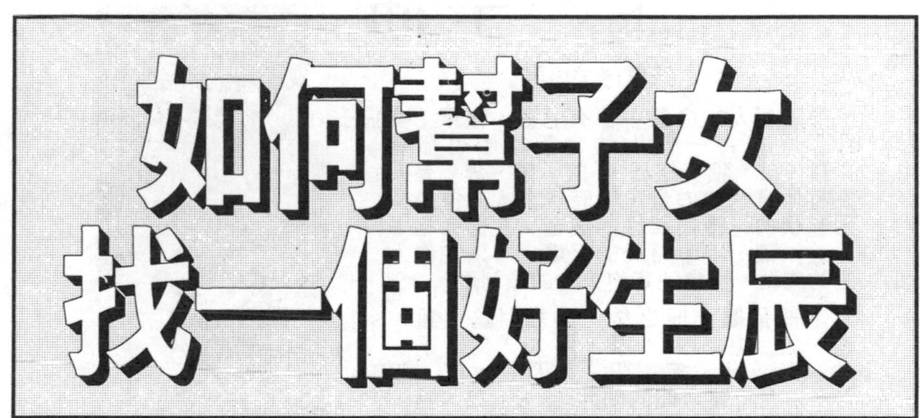

從歷史的經驗裡，告訴我們
命格的好壞和生辰的時間有密切關係，
命格的高低又和誕生環境有密切關係，
這就是自古至今，做官的、政界首腦人物、精明富有的老闆，永享富貴及高知識文化。
而平民百姓永遠在清苦的生活中與低文化的水平裡輪迴的原因。
人生辰的時間，決定命格的形成。
命格又決定人一生的成敗、運途與成就，
每一個人在受孕及出生的那一剎那已然決定了一生！
很多父母疼愛子女，想給他一切世間最美好的東西，但是為什麼不給他『好命』呢？
『幫子女找一個好生辰』就是父母能為子女所做，而很多人卻沒有做的事，有智慧的父母們！驚醒吧！
請不要讓子女一開始就輸在命運的起跑點上！

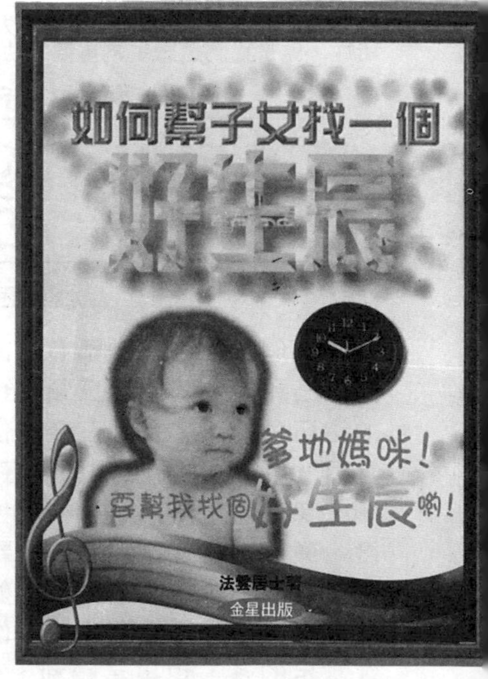

對你有影響的

上、下冊

法雲居士⊙著

每一個人的命盤中都有七殺、破軍、貪狼三顆星，在每一個人的命盤格中也都有『殺、破、狼』格局，『殺、破、狼』是人生打拚奮鬥的力量，同時也是人生運氣循環起伏的一種規律性的波動。在你命格中『殺、破、狼』格局的好壞，會決定你人生的成就，也會決定你人生的順利度。

下冊是繼上冊之後，繼續討論『殺、破、狼』在『夫、遷、福』、『父、子、僕』及『兄、疾、田』以及在大運、流年、流月行運之間的問題。『殺、破、狼』格局既是人生活動的軌跡，也是命運上下起伏的規律性波動。但在人生的感情世界中更是一種親疏憂喜的現象。它的變化是既能創造屬於你的新世界，也能毀滅屬於你的美好世界，對人影響至深至遠。因此在人生中要如何把握『殺、破、狼』的特性，就是我們這一生最重要的功課了。

對你有影響的

法雲居士⊙著

在每個人的命盤中都有紫微、廉貞、武曲三顆星，同時這三顆星也具有堅強的鐵三角關係，會在三合宮位中三合鼎立著，相互拉扯，關係緊密、共同組織、架構了你的命運。這也同時，紫微、廉貞兩顆官星和武曲一顆財星，也共同主宰了你的命運！當命盤中的紫、廉、武有兩顆以上居旺時，你的人生就會富足的多，也事業順利、有成就。如果有兩顆以上都居平、陷之位時，則你人生中的過程多艱辛、窮困、不太富裕。要看命好不好？就先從你命盤中的這三顆星來分析吧！

對你有影響的

法雲居士⊙著

在每一個人的命盤中都會有羊、陀、火、鈴出現，這些星曜其實會根據其本身特質來幫助或影響命格，有加分、減分的作用。羊、陀並不全都不好。火、鈴也有好有壞，端看我們怎麼運用它們的長處，和如何抵制它們的短處，就能平撫羊、陀、火、鈴的刑剋不吉。以及利用它們創造更高層次的人生。

對你有影響的

法雲居士⊙著

在每個人的命格之中，文昌、文曲、左輔、右弼都佔有重要的位置。昌曲二星不但是主貴之星，也直接影響人的相貌、氣質和聰明度，更會為你的人生帶來不同的變化和創造不同的人生。左輔、右弼是兩顆輔星，助善也助惡，在你的命格中，到底左輔、右弼兩顆星是和吉星同宮還是和凶星同宮呢？到底左右二星有沒有真的幫忙到你的人生呢？

紫微面相學

《全新修訂版》

法雲居士⊙著

『面相』是一體兩面的事情，
我們可以從一個人的外表來探測其內心世界，
也可從一個人所發生的某些事情來得知此人的命運歷程。
『紫微面相學』更是面相中的楚翹，
在紫微命理裡，命宮主星便顯露了人一切的外在面貌、
精神與內在的善惡、急躁、溫和。

- 『紫微面相學』能從見面的第一印象中，立刻探知其人的內在性格、貪念，與心中最在意的事與其人的價值觀，並且可以讓你掌握到此人所有的身家資料。
- 『紫微面相學』是一本教你從人的面貌上，就能掌握對方性格、喜好，並預知其前途命運的一本書。
- 『紫微面相學』同時也是溫故知新、面對自己、改善自己前途命運的一本好書！

法雲居士⊙著

現今工商業社會中，談判、協商是議事的主流。
每一個人一輩子都會經歷無數的談判和協商。
談判是一種競爭！也是一種營謀！
更是一種雙方對手的人性基因在宇宙中相遇激盪的火花。
『紫微談判學』就是這種帶動人生好運、集管理時間、組合空間、營謀智慧、人緣、創造新企機。
屬於『天時、地利、人和』成功法則的新的計算、統計、歸納的學問。

法雲居士用紫微命理教你計算、掌握時間的精密度，繼而達到反敗為勝以及永遠站在勝利高峰的成功法則。

用顏色改變運氣

法雲居士⊙著

顏色中含有運氣，運氣中也帶有顏色！
中國有自己一套富有哲理系統的用色方法和色彩學。
更可以利用顏色來改變磁場的能量，使之變化
來達成改變運氣的方法。
這套方法就是五行之色的運用法。

現今我們對這一套學問感到高深莫測，
但實則已存在我們人類四周有數千年
歷史了。

法雲居士以歷來論命的經驗和實例，
為你介紹用顏色改變運氣的方法和效力，
讓你輕輕鬆鬆的為自己增加運氣和改運。

如何尋找磁場相合的人

法雲居士⊙著

每個人一出世，便擁有了自己的磁場。
好的磁場就是孕育成功人士、領導人、有
能力的人能造福人群的人的孕育搖籃。同
時也是享福、享富貴的天然樂園。壞的磁
場就是多遇傷災、破耗、人生困境、貧
窮、死亡以及災難無法躲過的磁場環境。
人為什麼有災難、不順利、貧窮、或遭遇
惡徒侵害不能善終的死亡？
這完全都是磁場的問題。

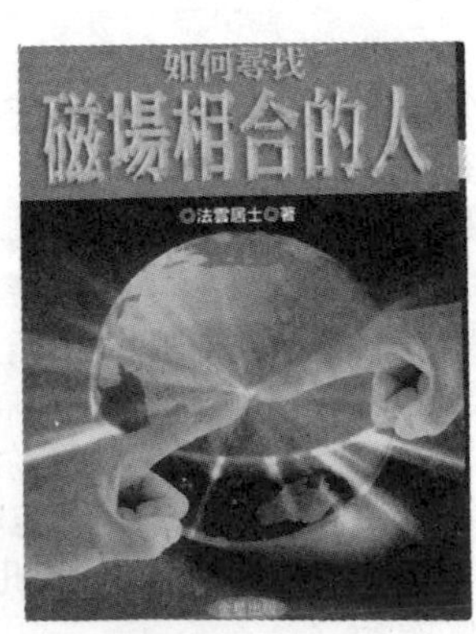

法雲居士用紫微命理的方式，讓你認清自
己周圍的磁場環境，也幫你找到能協助
你、輔助你脫離困境、及通往成功之路的
磁場相合的人。
讓你建立一個能享受福財與安樂的快樂天堂。

權祿科

法雲居士⊙著

在每一個人的生命歷程中，都會有能掌握一些事情的力量，和對某些事情能圓融處理。又有某些事情是使你頭痛或阻礙你、磕絆你的痛腳。這些問題全來自於出生年份所形成的化權、化祿、化科、化忌的四化的影響。

『權、祿、科』是對人有利的，能促進人生進步、和諧、是能創造富貴的格局。『權、祿、科』的配置好壞就是能決定人生加分、減分的重要關鍵所在。

這是一套七本書的套書，其餘是『羊陀火鈴』、『化忌、劫空『昌曲左右』、『殺破狼』、『府相同梁』。

這套書是法雲居士對學習紫微斗數者常忽略或弄不清星曜特質，常對自己的命格有過高的期望或過於看輕的解釋，這兩種現象都是不好的算命方式。因此，以這套書來提供大家參考與印證。

法雲居士⊙著

『權祿科忌』是一種對人生的規格與約制，十種年干形成十種不同的、對人命的規格化，以出生年份所形成的四化，其實就已規格化了人生富貴與成就高低的格局。

『權祿科』是決定人生加分的重要關鍵，
『化忌』是決定人生減分的重要關鍵，
加分與減分相互消長，形成了人世間各個不同的人生格局。『化忌』也會是你人生命運的痛腳及力猶未逮之處。

這是一部套書，其餘是『羊陀火鈴』、『權祿科』、『天空、地劫』、『昌曲左右』、『殺破狼』、『府相同梁』。

這套書是法雲居士對學習紫微斗數者常忽略或弄不清星曜特質，常對自己的命格有過高的期望或過於看輕的解釋，這兩種現象都是不好的算命方式。因此，以這套書來提供大家參考與印證。

VENUS PUBLISHING CO.
金星出版
命理生活新智慧・叢書